Entwurf und Simulation industrieller Steuerungen für den PC und die SPS

Eine Einführung für Informatiker und Automatisierungstechniker

von
Professor Dr. Ernst-Günter Feindt

Mit 50 Bildern

R. Oldenbourg Verlag München Wien 1997

Die Deutsche Bibliothek - CIP-Einheitsaufnahme

Feindt, Ernst-Günter:
Entwurf und Simulation industrieller Steuerungen für den PC und die
SPS : eine Einführung für Informatiker und
Automatisierungstechniker / von Ernst-Günter Feindt. - München ;
Wien : Oldenbourg, 1997
   ISBN 3-486-24088-9 brosch.

© 1997 R. Oldenbourg Verlag
Rosenheimer Straße 145, D-81671 München
Telefon: (089) 45051-0, Internet: http://www.oldenbourg.de

Lektorat: Elmar Krammer
Herstellung: Rainer Hartl
Gedruckt auf säure- und chlorfreiem Papier
Gesamtherstellung: R. Oldenbourg Graphische Betriebe GmbH, München

Inhaltsverzeichnis

Vorwort

Digitale Steuerungen können aus digitalen Bauelementen als elektrische bzw. elektronische Schaltung in Hardware hergestellt werden. Neuerdings werden digitale Steuerungen mit Rechnern oder mit besonderen Geräten, den "Speicherprogrammierbaren Steuerungen" (Abkürzung SPS) realisiert, die mit geeigneter Software programmiert werden. Bei der Erstellung der Software müssen einige feste logische Regeln eingehalten werden, damit sich der vorgegebene Steuervorgang einstellt. Den Leser mit der *systematischen Programmentwicklung unter Beachtung dieser logischen Regeln* vertraut zu machen, ist der Zweck diese Buches. Neben dem Funktionsteil der Steuerung wird auch der sogen. Betriebsartenteil behandelt. Dieser ist insbesondere bei Steuerungen der Fertigungstechnik, der Verpackungstechnik und anderen für das Einrichten der Maschinen und das Austesten der Steuerungen vor Inbetriebnahme erforderlich. Mit dem Betriebsartenteil kann die Steuerung in die Nullstellung gebracht werde, im Einzelschritt und im Automatikbetrieb gefahren werden sowie bei stehender Maschine (Steuerstrecke) von Hand weitergeschaltet werden.

Während es eine umfangreiche Literatur für die SPS-Programmierung gibt, scheint eine entsprechende Schrift für die PC-Programmierung noch zu fehlen. In dem vorliegenden Buch wird daher das Hauptgewicht auf das systematische Entwerfen von PC-Steuerprogrammen gelegt. Die SPS-Programme kann man nach denselben Regeln original erstellen aber auch durch einfaches zeilenweises Übersetzen der PC-Programme gewinnen, wie in den Abschnitten 5 und 6 gezeigt wird. Beim Vergleich zwischen PC und SPS fällt besonders die größere Übersichtlichkeit der PC-Programme auf. Das PC-Programm der kompletten Fahrstuhlsteuerung eines vierstöckigen Hauses ist gerade eine Seite lang (siehe Seite 100), während ein SPS-Programm, das dasselbe leistet, über mehrere Seiten geht. Die wiedergegebenen Programme können als C-, Pascal- und Basic-Programme laufen. Im Anhang 7.5 finden sich Erläuterungen zu den Programmierungen.

Wenn man ein Steuerungsprogramm schreibt, dann ist es sehr wichtig, *daß man das Programm am Schreibtisch gleich ausprobieren kann.* Da die wenigsten Leser einen PC mit Ein- und Ausgängen für elektrische Signale zur Verfügung haben, werden in den Beispielen die Signale mit INPUT in den Rechner eingegeben und mit einer PRINT-Anweisung ausgegeben (bzw. mit scanf, printf, READLN, WRITELN). Dabei werden die INPUT-Werte so gewählt, daß ein Steuerungsvorgang simuliert wird. Das Programm ist richtig, wenn die vom Programm errechneten Stellgrößen zu den mit INPUT eingegebenen Initiatorwerten "passen". Um den Leser auch hiermit vertraut zu machen, sind mit allen Beispielen Probeläufe durchgeführt worden und die erhaltenen Prints sind dokumentiert und erläutert. Es sei noch darauf hingewiesen, daß es in der Regel bequemer und einfacher ist, statt der INPUT-Anweisung die READ-DATA-Anweisung (für Basic, für C und Pascal die entsprechenden) zu verwenden. Um Platz zu sparen, wird hiervon im Folgenden nur gelegentlich Gebrauch gemacht. Realistischer und viel einfacher ist es, wenn man die Programme direkt in der Praxis ausprobiert. Hierfür benötigt man dann einen Rechner mit elektrischen Ein- und Ausgängen sowie die Steuerstrecke. Es besteht auch die Möglichkeit, die Steuerstrecke durch elektrische Signalgeber zu simulieren. Die dann erforderliche Vorgehensweise ist auf den Seiten 25 und 26 an einem einfachen Beispiel erläutert.

Die vorliegende Schrift basiert auf den Vorlesungen und Übungen des Verfassers an der Universität und der Fachhochschule Hamburg. Verwertet sind auch die Unterrichtserfahrungen, die der Verfasser in Kontaktstudiengängen sammeln konnte. Vorkenntnisse aus der Steuerungstechnik werden nicht vorausgesetzt. Auf den ersten Buchseiten werden die grundlegenden Begriffe in knapper Form erläutert. Oberstes Ziel der Darstellung ist es, den Leser zu befähigen, durch schrittweises systematisches Vorgehen auch komplizierte Steuerungen ohne Schwierigkeiten zu entwerfen und die zugehörigen Programme zu entwikkeln.

Für Unterstützung bei Laborerprobungen dankt der Autor Herrn Dipl.-Ing. Arno Harden, Hamburg.

Hamburg   E.-G. Feindt

1. Logische Verknüpfungen

Steuerungsaufgaben werden bekanntlich mit Hilfe der logischen Funktionen gelöst, die zunächst kurz erläutert werden sollen. Die logischen Funktionen beziehen sich auf sogen. "Boolesche Variablen". Das sind Variablen x1, x2, x3, ... y, die nur die beiden "logischen Werte" 1 oder 0 (wahr oder falsch bzw. true oder false) annehmen können. Dabei wird die logische 0 bzw. falsch rechnerintern durch die Zahl 0 dargestellt, und die logische 1 bzw. wahr wird rechnerintern durch die Zahl -1 (siehe Vorwort) dargestellt. Die logische 1 wird also in der PC-Programmierung durch die Zahl -1 und nicht durch die Zahl +1 dargestellt. Die Signale, die dem Rechner über elektrische Leitungen zugeführt werden, sind ebenfalls binär, wobei die logische 0 meist durch 0 Volt und die logische 1 durch 5 Volt dargestellt werden. Oft wird die logische 1 auch durch eine höhere Spannung als 5 Volt dargestellt, damit die Empfindlichkeit der Anlage gegenüber Störspannungen geringer ist. Ein- und Ausgabe der elektrischen Signale erfolgt über die Ports des Rechners. Jedes Port hat mehrere Input-/Output-Buchsen (siehe Bild 8). Die Wirkungsweise der Ports und die Programmierung, mit der sie in das Gesamt-Programm eingebunden werden, ist von Fabrikat zu Fabrikat unterschiedlich (Anhang 7.3).

1.1 Die UND-Verknüpfung

Definition der UND-Verknüpfung: Die UND-Verknüpfung $y = x1 \wedge x2$ hat genau dann das Ergebnis $y = 1$, wenn x1 und x2 beide gleichzeitig 1 sind. Das Zeichen $\wedge$ ist das Symbol für die UND-Verknüpfung.

Dieser Zusammenhang kann auch durch die "Wahrheitstabelle" und durch das Symbol des UND-Gliedes dargestellt werden:

x1	x2	y
0	0	0
0	1	0
1	0	0
1	1	1

Wahrheitstabelle

Symbol des UND-Gliedes

Im PC-Programm wird die UND-Verknüpfung durch die folgende Anweisung bewerkstelligt:

10 y = x1 AND x2

Mit Hilfe des folgenden PC-Programmes kann man die Wahrheitstabelle vom Rechner drucken lassen, dabei werden mit der READ-Anweisung die DATA-Werte in das Rechenwerk eingelesen:

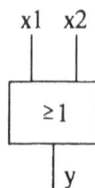

Programm für C, Pascal und Basic (Kommentar zur jeweiligen Programmzeile)
10 PRINT " x1   x2   y "   Kopfzeile für den Ausdruck
15 FOR k = 1 TO 4
20 READ x1 , x2   Einlesen der DATA-Werte
30 y = x1 AND x2
40 PRINT x1 ; x2 ; y   Ausdrucken von x1, x2 und y
50 NEXT k
60 STOP

70 DATA   0 , 0
80 DATA   0 ,-1   gewählte Werte für x1 sowie x2, wobei x1 die
90 DATA -1 , 0   linken Werte bekommt und x2 die rechten.
95 DATA -1 ,-1

x1 x2 y
 0 0 0   Wenn man das Programm startet, wird die
 0 -1 0   nebenstehende Tabelle ausgedruckt, die offen-
-1 0 0   bar mit der obigen Wahrheitstabelle der UND-
-1 -1 -1   Verknüpfung übereinstimmt.

1.2 Die ODER-Verknüpfung

Definition der ODER-Verknüpfung: Das Ergebnis der ODER-Verknüpfung $y = x1 \lor x2$ ist genau dann 1, wenn x1 oder x2 (oder beide) 1 ist.

Dieser Zusammenhang kann auch durch die Wahrheitstabelle und durch das Symbol des ODER-Gliedes dargestellt werden:

x1	x2	y
0	0	0
0	1	1
1	0	1
1	1	1

Wahrheitstabelle   Symbol des ODER-Gliedes

Im PC-Programm wird die ODER-Verknüpfung durch die folgende Zeile bewerkstelligt:

10 y=x1 OR x2

1.3 Die Negation

Definition der Negation: Die Negation wird durch überstreichen dargestellt gemäß der Gleichung $y = \overline{x}$ und bedeutet, daß die Variable y der Variablen x entgegengesetzt ist.

Die Wahrheitstabelle der Negation und das Symbol des NICHT-Gliedes sind:

x	y
0	1
1	0

Wahrheitstabelle

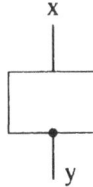

Symbol des Nicht-Gliedes

Im PC-Programm wird die Negation $y = \overline{x}$ durch die folgende Anweisung bewerkstelligt:

10 y=NOT x

Zur Verdeutlichung des Vorstehenden werden mit dem folgenden Programm fünf Verknüpfungen berechnet:

Programm für C, Pascal und Basic

10 A=-1: B=0   Für A und für B gewählte Werte
20 PRINT "NOT A=";NOT A
30 PRINT "NOT B=";NOT B
40 PRINT "A AND NOT B =";A AND NOT B
50 PRINT "A OR B =";A OR B
60 PRINT " NOT A OR B =";NOT A OR B

Wenn man das Programm startet, wird folgendes ausgedruckt:

NOT A = 0
NOT B = -1
A AND NOT B = -1
A OR B = -1
NOT A OR B = 0

1.4 Logische Verknüpfungen von Gleichungen und Ungleichungen

Auch Gleichungen und Ungleichungen haben einen dualen Wert. Wenn sie richtig sind, haben sie den Wahrheitswert "wahr" oder logisch 1 (im Rechner als −1 dargestellt). Wenn sie nicht richtig sind, haben sie den Wahrheitswert "falsch" oder logisch 0 (im Rechner auch mit 0 dargestellt). Als Beispiel sei das folgende Programm angeführt:

Programm für C, Pascal und Basic
10 PRINT "5=5 ist logisch" ; 5=5
20 PRINT "5>4 ist logisch " ; 5>4
30 PRINT "5<4 ist logisch" ; 5<4
40 PRINT "7−2=3 ist logisch " ; 7−2=3

5=5 ist logisch −1   Nach dem Programmstart werden
5>4 ist logisch −1   die nebenstehenden Ergebnisse aus-
5<4 ist logisch   0   gedruckt.
7−2=3 ist logisch   0

Damit ist klar, daß sich Gleichungen und Ungleichungen auch logisch verknüpfen lassen. Beispielsweise gilt

(3−3=0) AND (5<4)=1 ∧ 0=0 .

Man kann hierin die Klammern auch fortlassen. Nach dem Start des Einzeilenprogrammes

10 PRINT "3−3=0 AND 5<4 ist" ; 3−3=0 AND 5<4

wird vom Rechner ausgedruckt: 3−3=0 AND 5<4 ist 0 .

Anmerkung: Beim Programmieren von IF-THEN-Bedingungen ist zu beachten, daß folgende Formulierungen gleichwertig sind:

10 IF x=−1 THEN y=−1   ist gleichwertig mit   10 IF x THEN y=−1 .

1.5 Der RS-Speicher

Bild 1a zeigt das Schema des RS-Speichers. Er hat die beiden Eingangssignale x1 und x2 sowie das Ausgangssignal y. Die Bezeichnung RS-Speicher stammt aus dem Englischen: r=reset=Löschen, s=set=Setzen. Der RS-Speicher ist also ein Lösch-Setz-Speicher. Dabei versteht man unter "Setzen" das Erzeugen einer 1 und unter Löschen das Erzeugen einer 0 am Speicherausgang. Gespeichert wird das Ausgangssignal.

Definition des RS-Speichers. Der RS-Speicher hat die beiden Eingangs-signale x1 und x2 und das Ausgangssignal y (s. Bild 1a). Wenn x1 = 1 ist und x2 = 0 ist, dann ist y = 1. Dies ist das Setzen des Speichers. Wenn x1 = 0 ist und x2 = 1 ist, dann ist y = 0. Dies ist das Löschen des Speichers. Wenn x1 und x2 beide 0 sind, hat y den Wert, den es vorher hatte. Dies ist das Speichern. Der Fall, daß x1 und x2 beide 1 sind, ist verboten (d.h. in diesem Fall ist y nicht definiert). x1 heißt Setzsignal und x2 heißt Löschsignal.

Aufgrund dieser Definition hat der RS-Speicher die folgende Wahrheitstabelle:

x1	x2	y
1	0	1
0	0	1
0	1	0
0	0	0
1	1	verboten

(Der Kommentar bezieht sich auf die jeweilige Tabellen-Zeile)
x1 = 1 setzt den Speicher (d.h. x1 = 1 macht y = 1).
x1 ist wieder 0; y bleibt 1.
x2 = 1 löscht den Speicher (d.h. x2 = 1 macht y = 0).
x2 ist wieder 0; y bleibt 0.

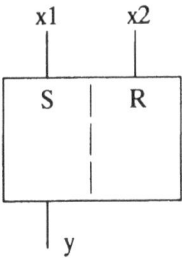

Bild 1a.
Symbol des RS-Speichers.

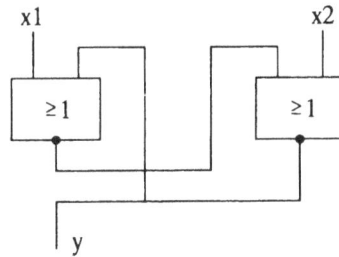

Bild 1b.
RS-Speicher als elektronische Schaltung.

Eine Steuerung, die aus Hardware besteht, enthält in der Regel eine größere Zahl RS-Speicher. Wenn der Rechner als Steuergerät dient, dann wird der RS-Speicher im Programm durch die folgenden Programmzeilen dargestellt, in denen x1 und x2 (wie oben) das Setz- und das Löschsignal sind. Dabei kann sowohl das Setzen als auch das Löschen auf zwei Arten geschehen:

Setzen mit   y = y OR x1   oder mit   IF x1 THEN y = −1 ,   (1a,b)
Löschen mit   y = y AND NOT x2   oder mit   IF x2 THEN y = 0 .   (2a,b)

Wirkung der Setzanweisungen (1a) und (1b):
Wenn x1 = 1 ist, rufen die Anweisungen (1a,b) den Wert y = (logisch) 1 her-vor, wenn x1 = 0 ist, wird y durch die Anweisungen (1a,b) nicht verändert.
Wirkung der Löschanweisungen (2a) und (2b):
Wenn x2 = 1 ist, rufen die Anweisungen (2a,b) den Wert y = 0 hervor, wenn x2 = 0 ist, wird y durch die Anweisungen (2a,b) nicht verändert.

Die wesentliche Eigenschaft des RS-Speichers besteht darin, daß die Nullsignale $x1 = 0$ und $x2 = 0$ das Ausgangssignal y ungeändert lassen. Wegen dieser Eigenschaft findet dieser Speicher so reichhaltige Anwendung in der Steuerungstechnik. Denn beispielsweise soll ein Fahrstuhl anhalten, wenn er auf einen Initiator rauffährt (d.h. wenn der Initiator 1-Signal abgibt). Der Fahrstuhl soll nicht halten, wenn er von dem Initiator runterfährt (d.h. wenn der Initiator 0-Signal abgibt). Im Gegenteil soll der Fahrstuhl jetzt zur nächsten Station durchfahren. Man sieht hieran, daß meist immer nur die 1 etwas bewirken soll und nicht die 0. Daher ist der RS-Speicher so definiert, daß er auf seine Eingangssignale x1, x2 nur anspricht, wenn sie logisch 1 sind. Zur Verdeutlichung des Vorhergehenden soll die obige Wahrheitstabelle des RS-Speichers noch mit dem folgenden Programm erstellt werden:

Programm für C, Pascal und Basic

10 FOR k = 1 TO 4	(Kommentar bezieht sich auf jeweilige Programmzeile)
15 READ x1 , x2	Einlesen der DATA-Werte
20 y = y OR x1	Setzen von y: Das Setzsignal $x1 = 1$ macht $y = 1$.
25 y = y AND NOT x2	Löschen von y: Das Löschsignal $x2 = 1$ macht $y = 0$.
30 PRINT x1 ; x2 ; y	
35 NEXT k	
40 STOP	
50 DATA -1 , 0	
55 DATA 0 , 0	gewählte Werte x1 und x2. In der linken Spalte stehen
60 DATA 0 ,-1	die x1-Werte und in der rechten Spalte die x2-Werte.
70 DATA 0 , 0	

x1	x2	y	
-1	0	-1	Nach dem Programmstart wird die neben-
0	0	-1	stehende Wahrheitstabelle des RS-Speichers
0	-1	0	ausgedruckt.
0	0	0	

1.6 Vergleich des PC mit der SPS (von Siemens und von Mitsubishi)

Wenn bei der SPS die Signale folgendermaßen abgelegt werden:

x1 in dem Speicher :   bei Siemens E 0.0 ,   bei Mitsubishi X400 ,
x2 in dem Speicher :   "   "   E 0.1 ,   "   "   X401 ,
y in dem Speicher :   "   "   M 0.0 ,   "   "   M300 ,
dann hat man die folgenden Entsprechungen:

Setzen bei der SPS durch die Anweisungen (siehe Seiten 103 und 112):

SPS von Siemens	U E 0.0		SPS von Mitsubishi	LD X 400
	S M 0.0			S M300

Löschen bei der SPS durch die Anweisungen:

SPS von Siemens	U	E 0.1	SPS von Mitsubishi	LD	X401
	R	M0.0		R	M300

Setzen beim PC mit der einen Setzanweisung $y = y$ OR $x1$,
Löschen beim PC mit der einen Löschanweisung $y = y$ AND NOT $x2$.

1.7 Vorranglogik für zwei Signale, Verriegelung von Signalen

Oftmals tritt der Fall auf, daß von mehreren Signalen immer nur eines 1 werden darf. Dies wird dadurch erreicht daß das Signal, das gerade 1 ist, die anderen Signale blockiert, so daß diese nicht 1 werden können. Die logische Schaltung bzw. die Software, die dieses Verhalten bewirkt, wird im Folgenden Vorrangschaltung bzw. Vorranglogik genannt. Als Beispiel sei die Anlage Bild 2 betrachtet. Die beiden Förderbänder 1 und 2 beschicken Band 3. Alle drei

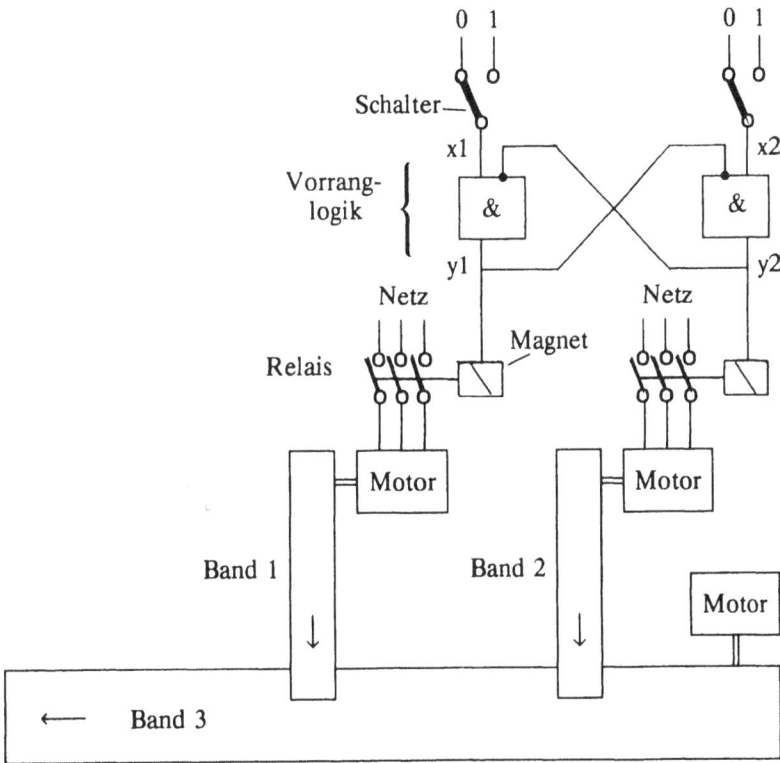

Bild 2. Verriegelung von zwei Förderbändern. Es kann immer nur entweder Band 1 oder Band 2 laufen.

Förderbänder haben die gleiche Fördermenge von z.B. 5 Kubikmetern pro Minute. Daher darf von den beiden Förderbändern 1 und 2 immer nur ein Band laufen, weil anderenfalls Band 3 überlaufen würde. Wie man leicht nachvollzieht, wird dieses Verhalten durch die Vorranglogik von Bild 2 erzwungen, die aus zwei über Kreuz geschalteten UND-Gliedern besteht. Nach Umlegen der Schalter läuft nur Band 1 oder Band 2 an. Die Vorranglogik wird softwaremäßig durch die beiden Zeilen 20 und 30 des folgenden Programmes dargestellt:

Programm für C, Pascal und Basic

```
 5  PRINT "x1 x2     y1 y2"
10  INPUT x1 , x2
20  y1 =x1 AND NOT y2
30  y2 =x2 AND NOT y1
40  PRINT x1 ; x2 , y1 ; y2
45  GOTO 10
```

$\}$ Vorranglogik von Bild 2

Wenn man das Programm mit RUN startet, werden die folgenden Werte ausgedruckt, wobei x1 und x2 die mit INPUT eingegebenen Werte sind.

x1 x2	y1 y2	(Der Kommentar bezieht sich auf die jeweilige Zeile)
-1 0	-1 0	$y1 =x1 \wedge \overline{y2} =1 \wedge \overline{0} =1$; $y2 =x2 \wedge \overline{y1} =0 \wedge \overline{1} =0.$
-1 -1	-1 0	$x2 = -1$ kann sich nicht durchsetzen, solange $x1 = -1$ ist.
0 -1	0 -1	Da $x1 = 0$ ist, kann sich $x2$ durchsetzen, so daß $y2 = -1.$
-1 -1	0 -1	$x1 = -1$ kann sich nicht durchsetzen, solange $x2 = -1$ ist.

1.8 Vorranglogik für drei Signale

Die in Bild 3 dargestellte Schaltung ist eine Vorranglogik für die drei Signale x1, x2 und x3. Man muß sich die Schaltung senkrecht zur Zeichenebene zu einer Ringschaltung zusammengebogen denken, wobei die beiden mit c bzw. die beiden mit d bezeichneten Enden zu verbinden sind. Jedes der drei Eingangssignale geht unbeeinflußt von oben nach unten durch die Schaltung hindurch, wenn die anderen beiden Eingangssignale 0 sind. In Formeln:

$z1 =x1$ wenn $x2 =x3 =0$,
$z2 =x2$ wenn $x1 =x3 =0$,
$z3 =x3$ wenn $x1 =x2 =0$.

Wenn mehrere Eingangssignal gleichzeitig 1 sind, dann werden die Ausgangssignale z1, z2, z3 in derselben zeitlichen Reihenfolge 1, in der die Eingangssignale 1 geworden sind, wobei jedoch zur Zeit immer nur ein Ausgangssignal 1 sein kann. Die softwaremäßige Darstellung der Schaltung führt zu dem folgenden Programm. Die einzelnen Anweisungen des Programmes liest man ohne weiteres aus der Schaltung Bild 3 ab.

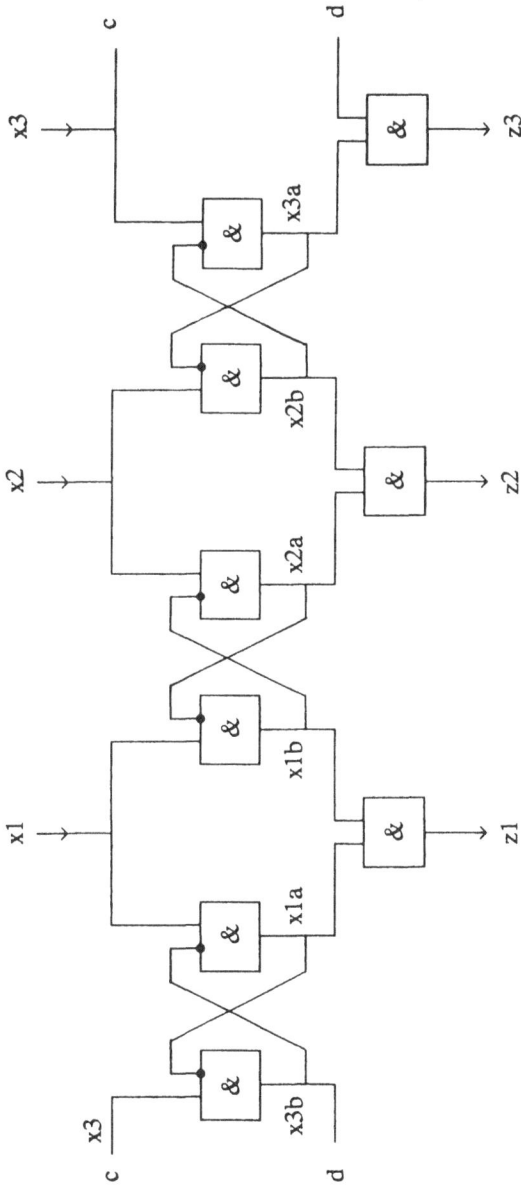

Bild 3. Vorrangschaltung für drei Signale. Es kann immer nur eines der drei Ausgangssignale $z1$, $z2$, $z3$ logisch 1 sein, weil das Eingangssignal, das als erstes 1 wird, die beiden anderen Eingangssignale blockiert. Man muß sich die Schaltung zum Ring zusammengebogen denken, indem die beiden mit c bzw. die beiden mit d bezeichneten Enden miteinander verbunden werden.

Programm für C, Pascal und Basic

```
5 PRINT "x1  x2  x3      z1  z2  z3"
10 INPUT x1 , x2 , x3
15 x1a=x1 AND NOT x3b
20 x1b=x1 AND NOT x2a
25 x2a=x2 AND NOT x1b
30 x2b=x2 AND NOT x3a
35 x3a=x3 AND NOT x2b
40 x3b=x3 AND NOT x1a
45 z1 =x1a AND x1b
50 z2 =x2a AND x2b
55 z3 =x3a AND x3b
56 PRINT x1 ; x2 ; x3 ;" "; z1 ; z2 ; z3
57 GOTO 10
```

Diese und die folgenden Anweisungen sind aus Bild 3 abgelesen.

x1	x2	x3	z1	z2	z3
0	0	0	0	0	0
0	0	-1	0	0	-1
-1	0	-1	0	0	-1
-1	0	-1	0	0	-1
-1	-1	-1	0	0	-1
-1	-1	-1	0	0	-1
-1	-1	0	0	0	0
-1	-1	0	-1	0	0
-1	-1	0	-1	0	0
0	-1	0	0	-1	0
0	-1	0	0	-1	0
0	-1	0	0	-1	0

Wenn man das Programm mit RUN startet, werden die nebenstehenden Werte ausgedruckt. Die Eingangssignale wurden geeignet gewählt und sind mit INPUT eingegeben worden. Berechnungsergebnis: Die Eingangssignale werden in der Reihenfolge x3, x1, x2 nacheinander 1 (logisch 1). In derselben Reihenfolge bekommen die Ausgangssignale z1, z2, z3 den Wert (logisch) 1; also zuerst z3, dann z1 und zuletzt z2.

1.9 Erkennen von Signalflanken

Die von 0 auf 1 ansteigende sogen. *positive* Flanke des Signals x wird daran erkannt, daß bei zwei aufeinander folgenden Programmdurchläufen zunächst der Wert x=0 und dann der Wert x=1 auftritt. Wenn man die beim n ten und n-1 ten Programmschleifen-Durchlauf auftretenden Signalwerte mit x bzw. xalt bezeichnet, dann ist also an der Signalflanke $\overline{xalt} \wedge x = 1$ (siehe Bild 4). Somit hat man das folgende Programm zur Signalflankenerkennung. In dem Zeitpunkt, in welchem x von 0 auf 1 springt, bekommt y den Wert 1.

Programm für C, Pascal und Basic

```
10 INPUT x
20 y=NOT xalt AND x
```

```
30 xalt=x
40 PRINT x ; y
50 GOTO 10
```

x	y
0	0
0	0
-1	-1
-1	0
-1	0
-1	0
-1	0

Wenn man das Programm mit RUN startet, werden die nebenstehenden Werte ausgedruckt. Dabei ist (wie immer) die logische 1 durch -1 dargestellt. Die x-Werte sind mit INPUT eingegeben.

Negative Flanken (1/0-Flanken) werden mit der Formel $y = \overline{xalt \wedge \overline{x}}$ erkannt.

Anwendungsbeispiel: Zählen von Impulsen. Impulse werden gezählt, indem man ihre 0/1-Flanken (oder die 1/0-Flanken) zählt. An der 0/1-Signalflanke gilt (beachte: Die logische 1 wird rechnerintern durch -1 dargestellt)

$$\overline{xalt} \wedge x = -1 \ .$$

Die Impulszahl kann also mit der Formel $n = n - (\overline{xalt} \wedge x)$ gezählt werden gemäß dem folgenden Programm.

Programm für C, Pascal und Basic
```
10 INPUT x
20 n=n-(NOT xalt AND x)
30 xalt=x
40 PRINT x ; n
50 GOTO 10
```

x	n
0	0
-1	1
-1	1
0	1
0	1
-1	2
0	2
-1	3
0	3
usw.	

Nach dem Starten des Programmes mit RUN werden die nebenstehenden Werte ausgedruckt. Die x-Werte der linken Spalte sind frei gewählt und mit INPUT eingegeben worden. Man erkennt aus den Zahlen, daß sich n immer um 1 erhöht, wenn sich x von 0 auf (logisch) 1 ändert.

Wenn man statt der positiven die negativen Flanken (1/0-Signalflanken) zählen will, ist die Programmzeile 20 abzuändern in $n = n - (xalt$ AND NOT $x)$.

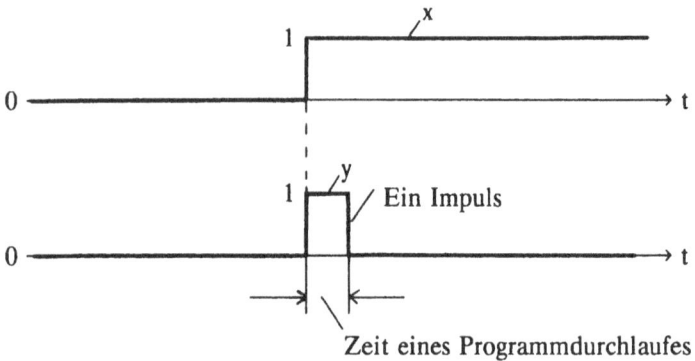

Bild 4. Signalflanken-Erkennung.

1.10 Frequenzteiler

Der Frequenzteiler halbiert die Anzahl der Impulse (Bild 5), so daß sein Ausgangssignal y nur halb soviel Impulse wie sein Eingangssignal x hat. Offenbar ändert y in Bild 5 immer seinen Wert, wenn auf $x=0$ der Wert $x=1$ folgt, wenn also in der Zeile 20 des folgenden Programmes $\overline{xalt} \wedge x=1$ ist.

Programm für C, Pascal und Basic

```
10 INPUT x
20 IF (NOT xalt AND x) = -1 THEN y = NOT y
30 xalt = x
40 PRINT x ; y
50 GOTO 10
```

Nach dem Programmstart werden in beliebiger Reihenfolge für x die Werte 0 und -1 (logisch 1) mit INPUT eingegeben. Es werden dann y-Werte nach Bild 5 ausgedruckt.

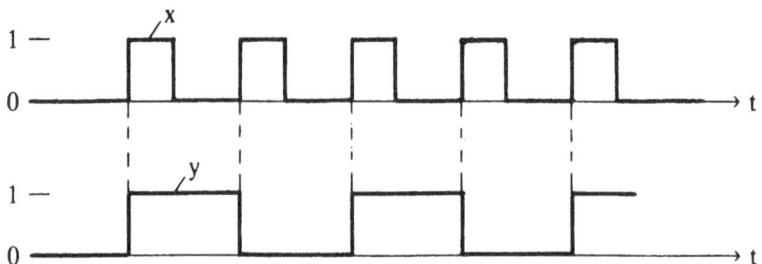

Bild 5. Eingangssignal x und Ausgangssignal y des Frequenzteilers.

1.11 Erzeugen prellfreier Signale

Wenn man einen einfachen Signal-Taster einmal drückt, so entsteht der 0/1-Übergang nicht nur einmal, sondern infolge Kontaktprellens entstehen mehrere 0/1- (und 1/0-) Übergänge. Diese Erscheinung ist in manchen Anwendungen nicht zulässig, und man muß den Kontakt prellfrei machen. Bild 6 zeigt eine Prellfreischaltung, bestehend aus einem Kontakt, zwei ohmschen Widerständen und einem R/S-Speicher. Wenn man den Taster drückt, wird der Speicher gesetzt, so daß y=1 ist, und y bleibt trotz Kontaktprellens konstant gleich 1; denn wenn der Kontakt in der Mittelstellung ist, sind x1=0 und x2=0. Für x1=0 , x2=0 bleibt aber nach Seite 13 y ungeändert. Wenn man den Taster wieder losläßt, wird der Speicher gelöscht und y wird wieder 0. Die logische Schaltung Bild 6 kann natürlich durch Software ersetzt werden. Dann müssen die beiden Signale x1 und x2 wie in Bild 7 dem Rechner zugeführt werden, wobei das prellfreie Signal y mit dem folgenden Programm erzeugt wird. In das Programm werden allerdings im Gegensatz zu dem soeben Gesagten x1 und x2 mit INPUT eingegeben. (Siehe hierzu auch die entsprechneden Ausführungen im Vorwort).

Programm für C, Pascal und Basic

```
10 INPUT x1 , x2
20 y=y OR x1          x1 setzt y (siehe Gleichung (1a) von Seite 13)
30 y=y AND NOT x2     x2 löscht y (siehe Gleichung (2a) von Seite 13)
40 PRINT x1 ; x2 ; y
50 GOTO 10
```

Wenn man das Programm startet, werden folgende Werte ausgedruckt:

x1	x2	y
0	0	0
-1	0	-1
0	0	-1
-1	0	-1
0	-1	0

Die gewählten x1-Werte simulieren das Prellen. Man erkennt an den y-Werten, daß y nicht prellt. Ferner zeigen die Werte, daß y durch x1 gesetzt wird und durch x2 gelöscht wird.

1.12 Das Wischsignal

Verlangte Funktion: Wenn sich ein Signal x von 0 auf 1 ändert, soll ein anderes Signal wi entstehen, das genau während der Dauer eines (eines) Programm-Durchlaufes 1 ist.

Es sei x der gegenwärtige Signalwert und xalt sei der Wert, den x beim vorhergehenden Programm-Durchlauf hatte. Wenn x eine Sprungfunktion ist, dann

0 Volt (0-Signal)

RS-Speicher

ohmscher Widerstand

x2

Taster

y ←

x1

5 Volt
(1-Signal)

0

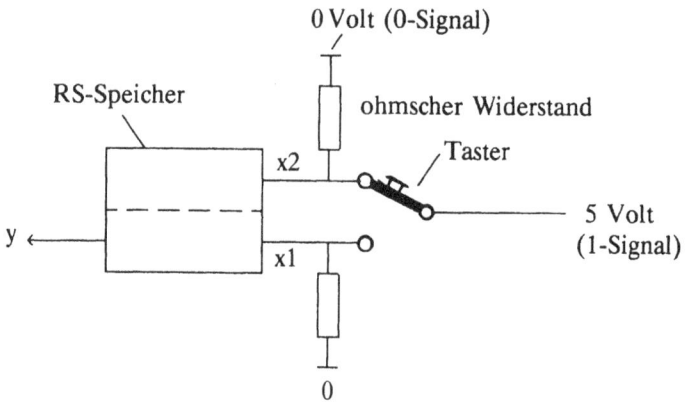

Bild 6. Prellfreischaltung. Das Signal y ist prellfrei, auch wenn
der Kontakt prellt.

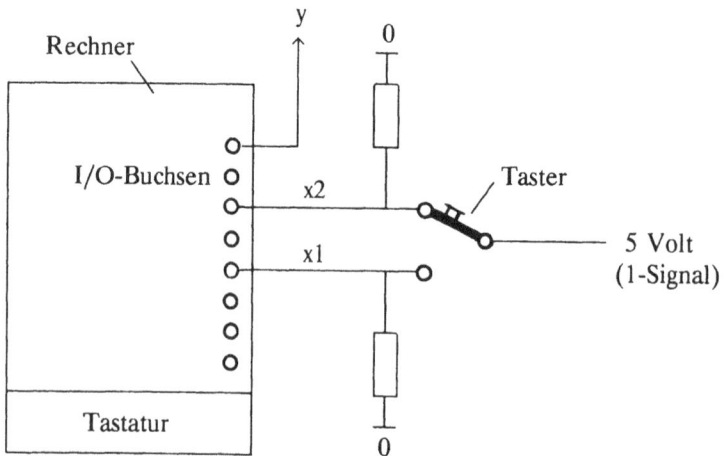

Rechner

y

0

I/O-Buchsen

x2

Taster

x1

5 Volt
(1-Signal)

Tastatur

0

Bild 7. Prellfreischaltung mit Hilfe eines Rechners. y ist das prellfreie Ausgangssignal.

ist in der Zeile 20 des folgenden Programmes zunächst $x = 1$, $xalt = 0$ und einen Programm-Durchlauf später ist $x = 1$, $xalt = 1$. Daher ist das Signal $wi = x$ AND NOT $xalt$ der Programmzeile 20 nur für die Dauer eines einzigen Programm-Durchlaufes 1 und stellt somit ein Wischsignal dar.

Programm für C, Pascal und Basic

```
10 INPUT x
20 wi = x AND NOT xalt
30 xalt = x
40 PRINT x, wi
50 GOTO 10
```

Nach dem Programmstart gebe man mit INPUT nacheinander die Werte 0, 0, 0,-1,-1,-1,-1,-1,-1 in den Rechner. Für wi druckt der Rechner dann aus: 0, 0, 0,-1, 0, 0, 0, 0, 0. Dies ist das Wischsignal. Offenbar ist das Programm identisch mit dem von Abschnitt 1.9.

1.13 Einfache Fahrkorbsteuerungen

Fahrkorbsteuerung für zwei Stationen.

Verlangte Funktion: Der in Bild 8 dargestellte Fahrkorb mit zwei Stationen soll auf Knopfdruck (Drücken und Wiederloslassen eines Tasters) nach der anderen Station fahren und dort stehen bleiben.

Die Meßgeräte bestehen in der Digitaltechnik aus Initiatoren, die 0-Signal oder 1-Signal abgeben. In Bild 8 werden zwei Annäherungsinitiatoren verwendet, die 1-Signal abgeben, wenn der Fahrkorb bei ihnen ist, und die 0-Signal abgeben, wenn der Fahrkorb nicht bei ihnen ist. Das Knopfsignal xk ist 1, wenn der Knopf gedrückt wird. xk ist 0, wenn man den Knopf wieder losläßt. Dieses Beispiel zeigt zugleich, wie man das Programm auch mit einem PC erproben kann, der keine elektrischen Ein- und Ausgänge für die Eingangssignale xo, xu, xk und die Ausgangssignale yh und ys hat. In dem folgenden Programm werden xo, xu und xk mit einer INPUT-Anweisung in den Rechner eingegeben, und die vom Rechner berechneten Steuersignale yh und ys werden ausgedruckt. Anhand des Prints kann man dann erkennen, ob das entwickelte Programm die beiden Signale yh und ys richtig berechnet. Dabei müssen die Eingangssignale xo, xu und xk so gewählt werden, daß ein realistischer Bewegungsvorgang simuliert wird.

Programm für C, Pascal und Basic   (Kommentar zu jeweiliger Programmzeile)

```
10 PRINT " xo  xu  xk  yh  ys "      Kopfzeile für den Ausdruck
15 INPUT xo, xu, xk          xo, xu und xk werden über Tastatur eingegeben.
```

Seilrolle

Motor hebt, wenn yh = 1 ist.
Motor senkt, wenn ys = 1 ist.

Motor mit
Getriebe und
Verstärker

ys

yh

Fahrkorb

xo

Initiator gibt 1-Signal ab,
wenn Korb bei ihm ist.

xu

xo

ys

5 Volt →
0 Volt →

R

xu

yh

xk

c

Port A
Speicher 40961

Port B
Speicher 40960

Rechner

D i s p l a y

T a s t a t u r

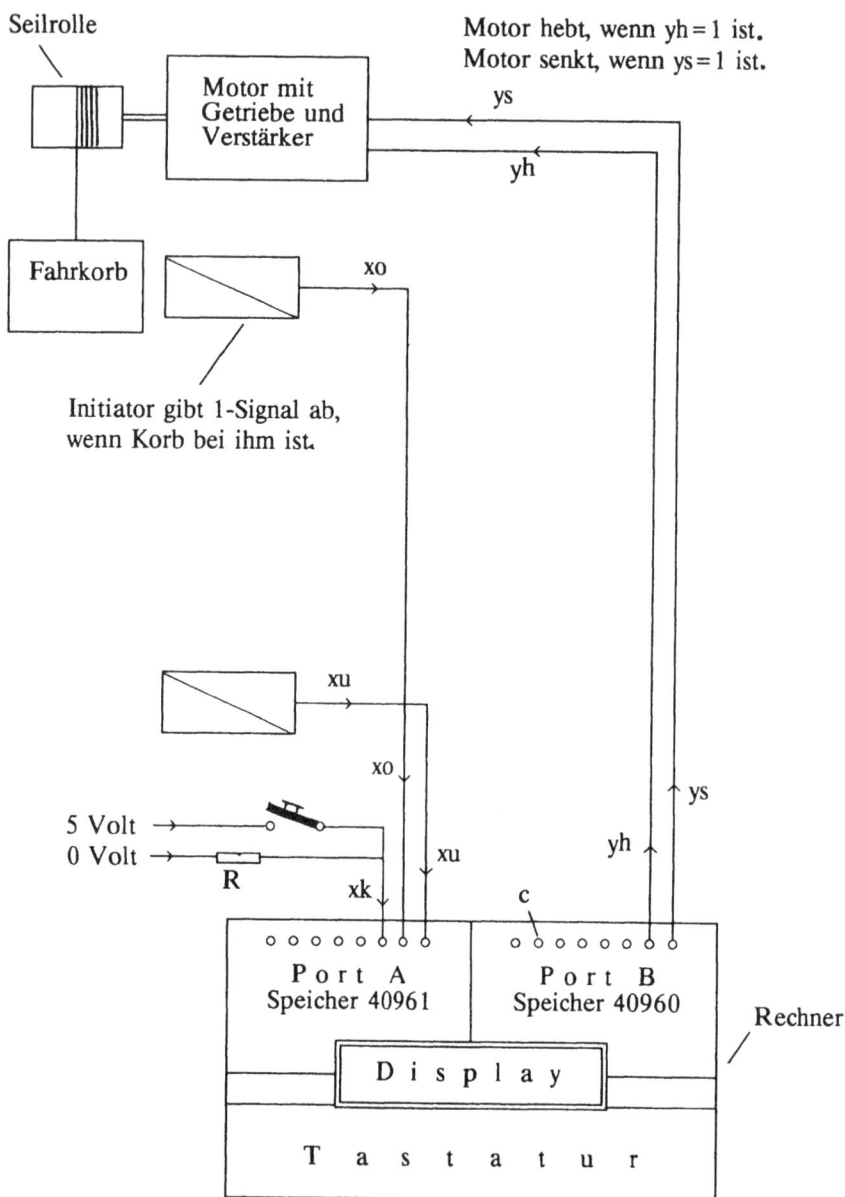

Bild 8. Fahrkorbsteuerung. Wenn der Taster nicht betätigt wird, ist xk = 0 Volt =
logisch 0. Wenn der Taster betätigt wird, ist xk = 5 Volt = logisch 1. Die
beiden Initiatoren sind Annäherungsinitiatoren. Sie geben 0 Volt =
logisch 0 ab, wenn der Korb nicht bei ihnen ist. Sie geben 5 Volt =
logisch 1 ab, wenn der Korb bei ihnen ist. R ohmscher Widerstand.

20 ys=ys OR (xo AND xk)	Korb soll senken, wenn xo und xk beide 1 sind.
25 ys=ys AND NOT xu	Senken soll enden, wenn Korb unten ankommt.
30 yh=yh OR (xu AND xk)	Korb soll heben, wenn xu und xk beide 1 sind.
35 yh=yh AND NOT xo	Heben soll enden, wenn Korb oben ankommt.
40 PRINT xo ; xu ; xk ; yh ; ys	
45 GOTO 15	

Wenn man das Programm mit RUN startet, wird die folgende Tabelle ausgedruckt. Die drei linken Spalten der Tabelle geben die Werte wieder, die mit INPUT eingegeben wurden. Diese Werte sind so gewählt, daß die Bewegung des Fahrkorbes simuliert wird. Die vom Programm errechneten yh- und ys-Werte passen offensichtlich zu den gewählten Werten xo, xu und xk, d.h. das Programm ist richtig.

xo	xu	xk	yh	ys	(Der Kommentar bezieht sich auf die jeweilige Programmzeile)
-1	0	-1	0	-1	Korb ist oben, Knopf ist gedrückt, Motor senkt.
-1	0	0	0	-1	Korb ist oben, Knopf wieder losgel., Motor senkt weiter.
0	0	0	0	-1	Korb ist zwischen den Stationen, Motor senkt weiter.
0	-1	0	0	0	Korb kommt unten an, Motor bleibt stehen.
0	-1	-1	-1	0	Korb ist unten, Knopf ist gedrückt, Motor hebt.
0	0	0	-1	0	Korb ist zwischen den Stationen, Motor hebt weiter.
-1	0	0	0	0	Korb kommt oben an. Motor bleibt stehen.

Anmerkung: Die beiden Anweisungen für das Setzen und das Löschen des Hebe- und des Senksignals kann man generell auch jeweils in einer Anweisung zusammenfassen, und zwar kann man beispielsweise in dem vorhergehenden Programm die beiden Zeilen 20 und 25, die

20 ys =ys OR (xo AND xk)

25 ys=ys AND NOT xu

lauten, zusammenfassen zu der einen (dominant löschenden) Anweisung

20 ys=(ys OR (xo AND xk)) AND NOT xu

Hiervon wird jedoch kein Gebrauch gemacht, um einen einheitlichen Programmaufbau zu erhalten, der zudem mit dem Aufbau der SPS-Programme übereinstimmt.

Fahrkorbsteuerung für zwei Stationen mit elektrischer Ein- und Ausgabe der externen Signale (s. Bild 8)

In der Praxis werden die Initiatorsignale als elektrische Spannungen dem Rechner zugeführt, und die vom Rechner berechneten Steuersignale treten als elektrische Spannungen aus dem Rechner aus. Nach den Darlegungen in Anhang 7.3 erscheint dann das vorhergehende Programm in der folgenden Gestalt:

Programm für C, Pascal und Basic. (Dies ist die für die Praxis zu verwendende Variante des vorhergehenden Programmes)

Programm	Kommentar
10 POKE 40963 , 0	Die Initiatorsignale xu, xo und das Signal
12 POKE 40962 , 255	xk werden in das Rechenwerk geholt und
14 xu = -(PEEK(40961) AND 1)	die Zeilen 10 bis 18 treten an die Stelle
16 xo = -(PEEK(40961) AND 2)/2	der Zeile 15 des vorigen Programmes.
18 xk = -(PEEK(40961) AND 4)/4	
20 ys = ys OR (xo AND xk)	Diese vier Zeilen stimmen mit den ent-
25 ys = ys AND NOT xu	sprechenden Zeilen des vorhergehenden
30 yh = yh OR (xu AND xk)	Programmes überein.
35 yh = yh AND NOT xo	
40 POKE 40960 , -(2*yh + ys)	yh und ys werden aus Rechner ausgegeben.
50 GOTO 14	

Die eigentliche Logik, die die spezielle vorgeschriebene Funktion der Steuerung hervorruft, ist in diesem und in dem vorhergehenden Programm gleich. Die beiden Programme unterscheiden sich nur in der Ein- und Ausgabe der Signale. Da die elektrische Signalein- und Ausgabe von Rechnerfabrikat zu Rechnerfabrikat verschieden ist, werden die Programme in dieser Schrift durchweg mit der INPUT-Anweisung, der READ-Anweisung und der PRINT-Anweisung als Signalein- und Ausgabe geschrieben.

Fahrkorb für zwei Stationen mit Wartezeit an den Stationen

Verlangte Funktion: Der Fahrkorb soll zwischen zwei Stationen ununterbrochen rauf- und runterfahren und an den Stationen immer eine vorgegebene Zeit warten.

Zunächst soll die einfachere Aufgabe gelöst werden, daß der Fahrkorb ohne Wartezeit ununterbrochen rauf und runter fährt. Diese Funktion erfüllt das folgende Programm, wie aus den Kommentaren zu den einzelnen Programmzeilen hervorgeht.

Programm für C, Pascal und Basic   (Kommentar zu jeweiliger Programmzeile)

Programm	Kommentar
10 INPUT xo , xu	xo und xu treten in den Rechner ein.
20 ys = ys AND NOT xu	Senken wird gelöscht, wenn Korb unten ist.
25 yh = yh AND NOT xo	Heben wird gelöscht, wenn Korb oben ist.
30 ys = ys OR xo	Senken wird gesetzt, wenn Korb oben ist.
35 yh = yh OR xu	Heben wird gesetzt, wenn Korb unten ist.
40 PRINT xo ; xu ; yh ; ys	Die Signale werden ausgegeben.
45 GOTO 10	

Wenn man das Programm mit RUN startet, wird vom Rechner die nachfolgende Wertetabelle ausgedruckt. Die ersten beiden Spalten der Tabelle sind mit INPUT über die Tastatur eingegeben. Wie man an den Tabellenwerten erkennt, liefert das Programm Werte yh und ys, die mit den gewählten Werten xo und xu harmonisieren. Das Programm ist also richtig. Es sei noch angemerkt, daß die Reihenfolge der vier Lösch- und Setzanweisungen im Programm (Anweisungen Zeilen 20 bis 35) beliebig ist.

xo	xu	yh	ys	(Der Kommentar bezieht sich auf die jeweilige Zeile)
0	-1	-1	0	Korb ist unten, Motor hebt (weil yh = (logisch) 1 ist).
0	0	-1	0	Korb ist zwischen den Stationen, Motor hebt weiter.
-1	0	0	-1	Korb ist oben, Motor senkt (weil ys = 1 ist).
0	0	0	-1	Korb ist zwischen den Stationen, Motor senkt weiter.
0	-1	-1	0	Korb ist unten, Motor hebt (weil yh = 1 ist).

Um nun die **Wartezeit** zu erzeugen, wird das Programm ergänzt, wodurch sich das nachfolgende Programm ergibt. Die Wartezeit wird dadurch hervorgerufen, daß der Rechner in die Zeilen 60 bzw. 80 springt, sobald der Fahrkorb auf einen Initiator aufläuft. Dadurch werden yh und ys für die Zeit einer vorgegebenen Sekundenzahl (hier 3) Null gemacht, so daß der Korb eine entsprechende Zeit stehen bleibt. Während dieser Zeit werden die Eingangssignale des Rechners (die in der Praxis dem Rechner elektrisch zugeführt werden) fortwährend abgefragt, damit dem Rechner nicht entgeht, wenn irgendwelche Knöpfe gedrückt werden. In dem vorliegenden Beispiel spielt dies allerdings keine Rolle, weil in Zeile 10 keine vom Menschen zu betätigenden Knopfsignale auftreten.

Programm für C, Pascal und Basic (Kommentar zur jeweiligen Programmzeile)

```
10 INPUT "xo = , xu = ", xo , xu        xo und xu werden in Rechner gegeben.
15 S = VAL(MID$(TIME$,7,2))             S = 0, 1, . . . 59 Sekunden der Uhr.
20 ys = ys AND NOT xu                   ys wird gelöscht, wenn Korb unten ist.
25 yh = yh AND NOT xo                   yh wird gelöscht, wenn Korb oben ist.
30 ys = ys OR xo                        ys wird gesetzt, wenn Korb oben ist.
35 yh = yh OR xu                        yh wird gesetzt, wenn Korb unten ist.
40 IF xu = -1 GOTO 60                   Sprung in Zeile 60, wenn Korb unten ist.
45 IF xo = -1 GOTO 80                   Sprung in Zeile 80, wenn Korb oben ist.
50 PRINT xo ; xu ; yh ; ys
55 GOTO 10

60 So = 0:IF ABS(Salt-S) > 0.8 THEN Su = Su + 1      Nullsetzen So und Warte-
65 Salt = S:IF Su < = 3 THEN ys = 0:yh = 0            zeit unten erzeugen.
70 GOTO 50
80 Su = 0:IF ABS(Salt-S) > 0.8 THEN So = So + 1      Nullsetzen Su und Warte-
85 Salt = S:IF So < = 3 THEN ys = 0:yh = 0            zeit oben erzeugen.
90 GOTO 50
```

Die Anweisung der Programmzeile 15 ergibt sich folgendermaßen: Bekanntlich wird bei Q-Basic aufgrund der Anweisung PRINT TIME$ die Uhrzeit der in den Rechner eingebauten Uhr ausgedruckt, z.b. 10:34:46 , worin 46 die Sekunden sind. Mit der Basic-Anweisung S = VAL(MID$(TIME$,7,2)) wird der Variablen S eine Zahl zugewiesen, die aus dem 7. und dem 8. Zeichen des Strings 10:34:46 besteht. Es ist also S = 46. Im Programm durchläuft S zyklisch die Zahlen 0, 1, 2, . . . 59. Beim Weiterspringen der Uhr ändert sich S immer um 1 oder, wenn eine Minute vergangen ist, um 59. Diese Änderungen, die alle größer als 0.8 sind, werden in den Zeilen 60 bzw. 80 gezählt. Die Summen Su bzw. So geben daher die verflossenen Sekunden an.

Austesten des Programmes. Wenn man das Programm testen will, ist folgendermaßen zu verfahren: Nachdem man das Programm gestartet hat, fragt der Rechner mit der INPUT-Zeile ununterbrochen nach Wertepaaren xo, xu und man muß ununterbrochen Wertepaare xo, xu über die Tastatur in den Rechner eingeben, auch während der Wartezeit. Das Eingeben der Werte braucht nicht besonders schnell zu geschehen. Wenn man als erstes fortwährend -1,0 eingibt, wird vom Rechner zunächst wiederholt ausgedruckt:

xo = , xu = -1   0   (d.h. xo ist logisch 1 und xu ist logisch 0)
-1 , 0 , 0 , 0   (nach Zeile 50 sind dies der Reihe nach xo, xu, yh, ys)

was bedeutet, daß der Fahrkorb oben ist und steht (er steht, weil yh = 0 und ys = 0 sind). Nach Ablauf von 3 Sekunden druckt der Rechner

xo = , xu = -1   0
-1 , 0 , 0 , -1

Diese Werte bedeuten, daß der Fahrkorb oben ist und senkt. Man gibt nun solche Wertepaare xo, xu ein, die die weitere Bewegung des Fahrkorbes simulieren:

Als nächstes gibt man fortwährend 0, 0 ein (Fahrkorb ist zwischen den Stationen). Der Rechner antwortet mit 0, 0, 0,-1 (d.h. der Fahrkorb senkt weiter). Dann gibt man immerfort 0,-1 ein (Fahrkorb ist unten angekommen). Der Rechner antwortet dann mit 0,-1, 0, 0, und zwar drei Sekunden lang, d.h. der Fahrkorb steht unten 3 Sekunden lang. Nach Ablauf der 3 Sekunden antwortet der Rechner mit 0,-1,-1, 0 . Dies bedeutet, daß der Fahrkorb nach Ablauf der Wartezeit von 3 Sekunden zu heben beginnt. Danach gibt man für xo, xu fortwährend das Wertepaare 0, 0 ein (Fahrkorb ist zwischen den Stationen). Der Rechner antwortet mit 0, 0,-1, 0, was bedeutet, daß der Fahrkorb weiterhin hebt. So fortfahrend wird das Programm getestet.

2. Steuerungen ohne Speicher

Diese Steuerungen machen die geringste Schwierigkeit beim Entwurf. Der Entwicklungsgang ist immer: Aus der Aufgabenstellung gewinnt man die Wahrheitstabellen für die gesuchten Stellgrößen und aus den Wahrheitstabellen erhält man die logischen Gleichungen der Stellgrößen. Die logischen Gleichungen kann man dann gegebenenfalls noch mit der Boole-Algebra (siehe Anhang) vereinfachen. Ein Weg, der oftmals schneller zu einfachen logischen Gleichungen für die Stellgrößen führt, besteht darin, daß man zunächst aus den Wahrheitstabellen die sogen. Karnaugh-Tafeln herleitet, aus denen man dann die logischen Gleichungen der Stellgrößen gewinnt. Zur Darstellung des Berechnungsganges werde das folgende Beispiel betrachtet:

2.1 Steuerung mit drei unabhängigen Variablen

Beispiel. Abflußsteuerung eines Auffangbehälters

In den Auffangbehälter Bild 9 fördern drei Rohrleitungen, von denen zwei 30 Ltr/Min und eine 60 Ltr/Min fördern. Das Abflußrohr hat eine Kapazität von 70 Ltr/Min. Eine Steuerung ist zu entwerfen, die dafür sorgt, daß der Hilfsabfluß öffnet, wenn mehr als 70 Ltr/Min in den Behälter eintreten.

Die Ventile öffnen, wenn die Signale y1, y2, y3, y Eins sind. Sie sind geschlossen, wenn y1, y2, y3, y Null sind. In Abhängigkeit von y1, y2, y3 ergeben sich die in der folgenden Wahrheitstabelle zusammengestellten Summen der Eintrittsmengen. Immer wenn die Summe größer als 70 ist, muß der Hilfsabfluß öffnen und daher die gesuchte Stellgröße y = 1 sein, wie in der Tabelle angegeben ist.

y1	y2	y3	Summe der Eintrittsmengen Ltr/Min	y
0	0	0	0	0
0	0	1	30	0
0	1	0	30	0
0	1	1	60	0
1	0	0	60	0
1	0	1	90	1
1	1	0	90	1
1	1	1	120	1

Wahrheitstabelle für die abhängige Variable y

Aus der Wahrheitstabelle wird die logische Gleichung gewonnen, indem man die Zeilen der Wahrheitstabelle erfaßt, in denen das Ausgangssignal y Eins ist. Die drittletzte Zeile der Tabelle liefert zur gesuchten Gleichung den Beitrag

$y1 \wedge \overline{y2} \wedge y3$ (weil in der drittletzten Zeile y1 = 1, y2 = 0 und y3 = 1 sind) ,

die vorletzte Zeile der Tabelle liefert den Beitrag

$y1 \wedge y2 \wedge \overline{y3}$,

und die letzte Zeile ergibt den Beitrag

$y1 \wedge y2 \wedge y3$.

Die gesuchte logische Gleichung lautet damit (In den Klammern stets UND, zwischen den Klammern stets ODER)

$$y = (y1 \wedge \overline{y2} \wedge y3) \vee (y1 \wedge y2 \wedge \overline{y3}) \vee (y1 \wedge y2 \wedge y3) . \tag{1}$$

Diese Gleichung kann man mit der Boole-Algebra (siehe Anhang) vereinfachen. Aus den beiden rechten Termen der Gleichung (1) kann man nach dem Distributiv-Gesetz $y1 \wedge y2$ herausziehen, womit sich ergibt:

$$y = (y1 \wedge \overline{y2} \wedge y3) \vee \left[(y1 \wedge y2) \wedge (\overline{y3} \vee y3) \right] . \tag{2}$$

Nach "Einige weitere Formeln" des Anhanges 7.1 gilt $\overline{y3} \vee y3 = 1$ und $(y1 \wedge y2)$ $\wedge 1 = y1 \wedge y2$. Damit geht die Gleichung (2) über in

$$y = (y1 \wedge \overline{y2} \wedge y3) \vee (y1 \wedge y2) .$$

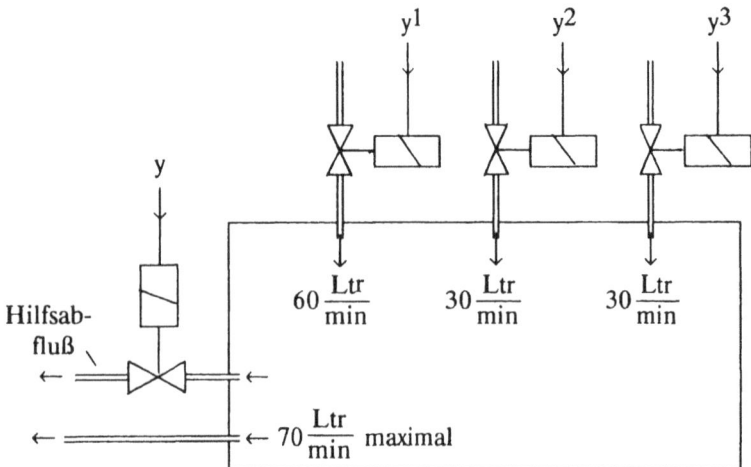

Bild 9. Auffangbehälter mit Rohrleitungen, Ventilen und Ventilantrieben.

Diese Gleichung kann man noch weiter vereinfachen wie folgt:

$$y = y1 \wedge \left[(\overline{y2} \wedge y3) \vee y2 \right] = y1 \wedge \left[(\overline{y2} \vee y2) \wedge (y3 \vee y2) \right] = y1 \wedge \left[1 \wedge (y3 \vee y2) \right]$$
$$= y1 \wedge (y2 \vee y3) .$$

Das Ergebnis lautet also

$$y = y1 \wedge (y2 \vee y3) . \tag{3}$$

Die ursprüngliche Gleichung (1) konnte also erheblich vereinfacht werden. Im Steuerprogramm erscheint die Gleichung (3) dann in der Form

$$y = y1 \text{ AND } (y2 \text{ OR } y3) .$$

Nun soll noch der oben angeführte zweite Lösungsweg aufgezeigt werden, der sich der Karnaugh-Tafel bedient. Im vorliegenden Beispiel sieht die Karnaugh-Tafel folgendermaßen aus:

Die Gleichungen $y1 = 1$, $y1 = 0$, $y2 = 1$, usw. werden normalerweise nicht an den Tafelrand geschrieben. Das ist hier nur aus didaktischen Gründen geschehen. In der Tafel y-Werte.

Die Karnaugh-Tafel.

Über den linken vier Feldern der Tafel steht y1. Das soll bedeuten, daß in den linken vier Feldern $y1 = 1$ ist. Über den rechten vier Feldern steht $\overline{y1}$. Das soll bedeuten, daß in den rechten vier Feldern $y1 = 0$ ist. Neben den oberen vier Feldern steht y2. Das soll bedeuten, daß in den oberen vier Feldern $y2 = 1$ ist. Entsprechende Bedeutung hat die restliche Beschriftung der Tafel. *In die Felder der Karnaugh-Tafel werden die y-Werte geschrieben.*

Zunächst werden die y-Werte von der Wahrheitstabelle in die Karnaugh-Tafel übertragen. Um den Wert $y = 0$ der ersten Zeile der Wahrheitstabelle in die Karnaugh-Tafel zu übertragen, muß man das Feld $y1 = 0$, $y2 = 0$, $y3 = 0$ (rechts unten) in der Karnaugh-Tafel aufsuchen, und in dieses Feld die 0 eintragen. Auf diese Weise muß man alle 8 y-Werte von der Wahrheitstabelle in die Karnaugh-Tafel übertragen, womit sich die dargestellte Karnaugh-Tafel ergibt.

Die logische Gleichung wird nun aus der Karnaugh-Tafel nach der folgenden Regel erhalten: *Die logische Gleichung wird aus der Karnaugh-Tafel erhalten, indem man die Einsen der Karnaugh-Tafel erfaßt. Dabei werden möglichst viele nebeneinander oder untereinander liegende Einsen zu Blöcken zusammengefaßt, damit sich eine einfache logische Gleichung ergibt.*

In der dargestellten Karnaugh-Tafel bilden die beiden Felder mit der Schraffur $////$ und die beiden Felder mit der Schraffur $\backslash\backslash\backslash\backslash$ je einen Block. Dabei wird ein Feld doppelt erfaßt, was durchaus zulässig ist. Die ersten beiden Felder sind eindeutig festgelegt durch die Werte $y1 = 1$, $y2 = 1$ und ergeben daher den Ausdruck $y1 \wedge y2$. Die anderen beiden Felder sind durch die Werte $y1 = 1$, $y3 = 1$ eindeutig bestimmt und ergeben daher den Ausdruck $y1 \wedge y3$. Die komplette Gleichung für y lautet damit:

$$y = (y1 \wedge y2) \vee (y1 \wedge y3) .$$

Aus den Klammern kann man aufgrund des Distributiv-Gesetzes der Boole-Algebra $y1$ herausziehen, womit man in Übereinstimmung mit Gleichung (3) das Endergebnis erhält:

$$y = y1 \wedge (y2 \vee y3) . \tag{4}$$

2.2 Steuerung mit mehr als drei unabhängigen Variablen

Steuerungen mit mehr als drei Eingangssignalen bieten nichts grundsätzlich Neues. Nur die Karnaugh-Tafel muß erweitert werden. Für vier Eingangssignale hat sie das folgende Aussehen:

Karnaugh-Tafel für vier Eingangssignale.

In die Felder der Tafel werden wie oben die Werte (0 oder 1) des Ausgangssignals y der gesuchten Logik geschrieben. Auch das Verfahren zur Gewinnung der logischen Gleichung ist dem oben dargelegten analog. Für den Fall, daß mehr als vier Eingangssignale auftreten, reicht die dargestellte Karnaugh-Tafel natürlich nicht mehr aus. Für diesen Fall sei der Leser auf die Literatur verwiesen. Das ganze Entwurfsverfahren ist so einfach, daß hier nicht weiter darauf eingegangen werden soll.

3. Ablaufsteuerungen

3.1 Darstellung nach DIN 40719 bzw. IEC 848, Entwurfsverfahren

Eine Steuerung, bei der immer dieselben Vorgänge in unveränderter zeitlicher Reihenfolge ablaufen, wird Ablaufsteuerung genannt. Um die richtige zeitliche Reihenfolge der einzelnen Vorgänge einzuhalten, wird der Gesamt-Steuerungs-vorgang in Schritte eingeteilt. Auf diese Weise ergibt sich die Schrittsteuerung. Bild 10 zeigt den Funktionsplan einer Schrittsteuerung nach den in der Über-schrift genannten Normen. In dem Bild werden die Schritte symbolisch durch Rechtecke dargestellt, die durch die Schritt-Marken (Schrittlabel) M0, M1, M2, . . . voneinander unterschieden werden. Die rechts an diese Schritt-Symbole angefügten Rechtecke geben die Befehle oder Aktionen an, die ausgeführt wer-den, solange der betreffende Schritt aktiviert (enabled) ist. Es ist immer nur ein Schritt enabled (d.h. er wird ausgeführt) und alle anderen Schritte sind disabled (d.h. sie werden nicht ausgeführt). *Ein Schritt ist enabled, wenn sein Schritt-label Mn gesetzt ist, wenn also Mn = 1 ist.* Man verfährt nach der Regel:

Es darf immer nur einer der Schrittlabel M0, M1, M2, . . . gesetzt (logisch 1) sein und alle anderen Schrittlabel müssen gelöscht (logisch 0) sein. Gesetzt wird ein Schritt durch seinen vorhergehenden Schritt und eine Bedingung g = 1 bzw. h = 1 usw.. Gelöscht wird jeder Schritt durch den ihm nachfolgen-den Schritt. (Siehe Regelzusammenstellung der Tabellen von Anhang 7.4).

Gemäß dieser Regel wird beispielsweise der 2. Schritt (genauer: das Label des 2. Schrittes) von Bild 10 durch die Anweisung

M2 = M2 OR (M1 AND h)

gesetzt. Gelöscht wird er durch die Anweisung

M2 = M2 AND NOT M3 .

Normalerweise hat jede Ablaufsteuerung einen Anfangsschritt M0, bei dem keine Aktivitäten stattfinden. Für die unterschiedlichen Befehle (Stellgrößen), die von einem Schritt Mn hervorgerufen werden, sehen DIN 40719 und IEC 848 die Darstellungen Bilder 11 bis 13 vor:

Die Darstellung Bild 11 beinhaltet, daß das Ventil genauso lange geöffnet ist, wie Schrittlabel Mn = 1 ist. In diesem Fall gilt also für die Stellgröße y des Ventils die Gleichung y = Mn (wobei angenommen ist, daß das Ventil öffnet, wenn y = 1 ist). Die Darstellung Bild 12 beinhaltet, daß das Ventil geöffnet wird, wenn Mn = 1 ist und offen bleibt, bis es von einem späteren Schritt wieder geschlossen wird. Bild 12 führt also zu der Anweisung y = y OR Mn. Die Dar-stellung Bild 13 beinhaltet, daß die Stellgröße y gleich 1 ist, wenn Mn = 1 ist

und die zusätzliche Bedingungen $p = 1$ erfüllt ist. In diesem Fall gilt also für y:
$y = Mn$ AND p.

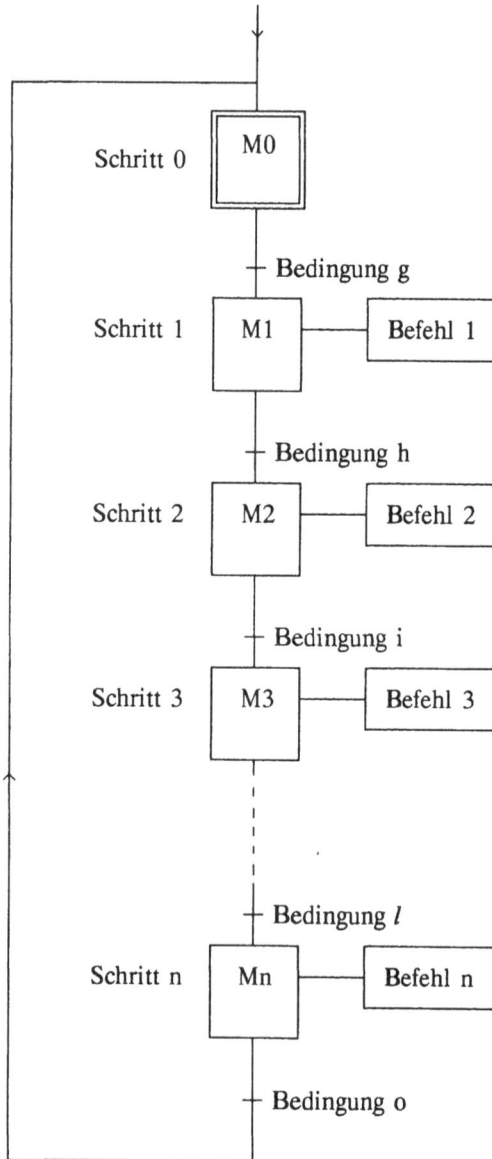

Bild 10. Funktionsplan der Ablaufsteuerung nach DIN 40719
und IEC 848.

Der Funktionsplan einer Ablaufsteuerung kann auch *Verzweigungen* und *Zusammenführungen* haben. In DIN 40719 und IEC 848 werden die folgenden Fälle unterschieden:

Ablaufverzweigung (Alternativ-Verzweigung)

Die Ablaufverzweigung wird durch Bild 14 dargestellt. Ein Ablauf findet statt von Schritt 5 nach Schritt 6, wenn M5 = 1 ist und die Bedingung e erfüllt ist (d.h. wenn e = 1 ist). Der Ablauf geht von Schritt 5 nach Schritt 7, wenn M5 = 1 und f = 1 sind. Die Setz- und Löschanweisungen für M6, M7 und M5 lauten daher:

10 M6 = M6 OR (M5 AND e)
20 M7 = M7 OR (M5 AND f)
30 M5 = M5 AND NOT M6 ⎤ kann man zusammenfassen zu der einen An-
40 M5 = M5 AND NOT M7 ⎦ weisung M5 = M5 AND NOT (M6 OR M7).

Die beiden Setzanweisungen sind in dieser Form nur zulässig, wenn die Steuerstrecke so beschaffen ist, daß niemals die Bedingungen e und f beide zur gleichen Zeit erfüllt sein können. Anderenfalls müssen die Setzanweisungen gegeneinander verriegelt werden wie folgt:

10 M6 = M6 OR (M5 AND e)
20 M7 = M7 OR (M5 AND f AND NOT M6)

Diese beiden Anweisungen bewirken, daß im Falle M5 = e = f = 1 M6 sofort 1 wird. M7 kann jedoch erst 1 werden, wenn M6 wieder gelöscht ist. Wenn dagegen im Fall M5 = e = f = 1 Schritt M7 Vorrang haben soll, ist zu schreiben:

10 M7 = M7 OR (M5 AND f)
20 M6 = M6 OR (M5 AND e AND NOT M7)

Schließlich sei noch erwähnt, daß auch auf mehr als auf zwei Abläufe verzweigt werden kann. Dann ist entsprechend zu verfahren.

Ablaufzusammenführung (Alternativ-Zusammenführung)

Bild 15 zeigt eine Zusammenführung. Der Schritt 8 wird gesetzt, wenn M6 und die Bedingung g beide 1 sind oder wenn M7 und die Bedingung h beide 1 sind. Die Setzanweisung von M8 und die Löschanweisung von M6 und M7 lauten also:

20 M8 = M8 OR ((M6 AND g) OR (M7 AND h))
30 M6 = M6 AND NOT M8
40 M7 = M7 AND NOT M8

Wenn mehr als zwei Abläufe zusammengeführt werden, sind diese Anweisungen entsprechend zu erweitern.

Symbole für Ablaufsteuerungen nach DIN 40719 und IEC 848

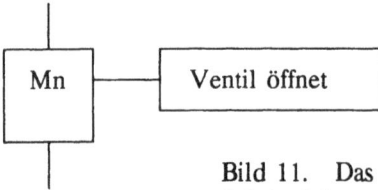

Bild 11. Das Ventil ist solange offen, wie der Schritt Mn gesetzt ist (d.h. solange Mn=1 ist).

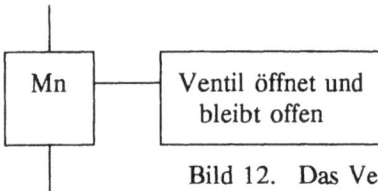

Bild 12. Das Ventil öffnet, wenn Mn gesetzt ist. Das Ventil wird in einem späteren Schritt wieder geschlossen.

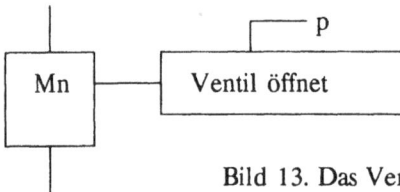

Bild 13. Das Ventil ist solange offen, wie Mn gesetzt ist und gleichzeitig die Bedingung p erfüllt ist.

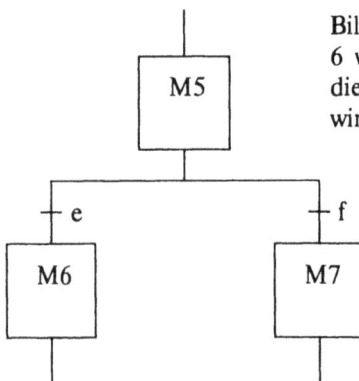

Bild 14. Ablaufverzweigung. Der Schritt 6 wird gesetzt, wenn M5 gesetzt ist und die Bedingung e erfüllt ist. Der Schritt 7 wird gesetzt, wenn M5 gesetzt ist und die Bedingung f erfüllt ist.

Symbole für Ablaufsteuerungen nach DIN 40719 und IEC 848

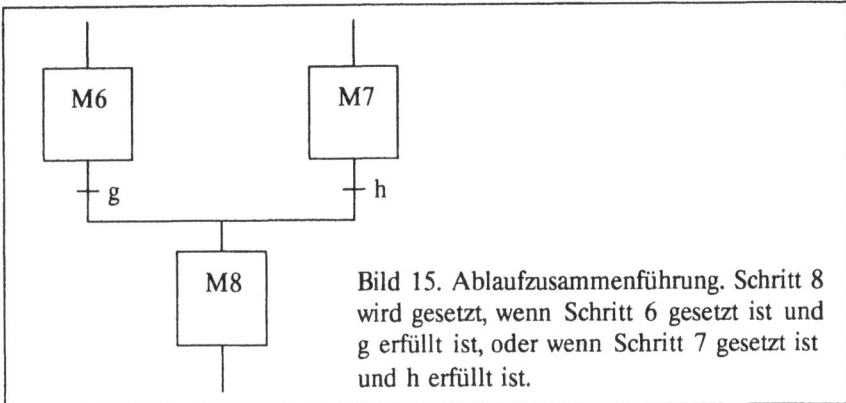

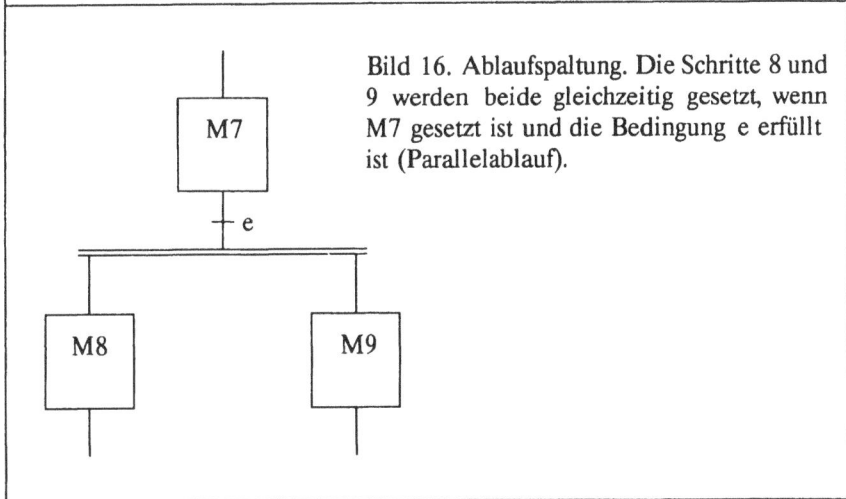

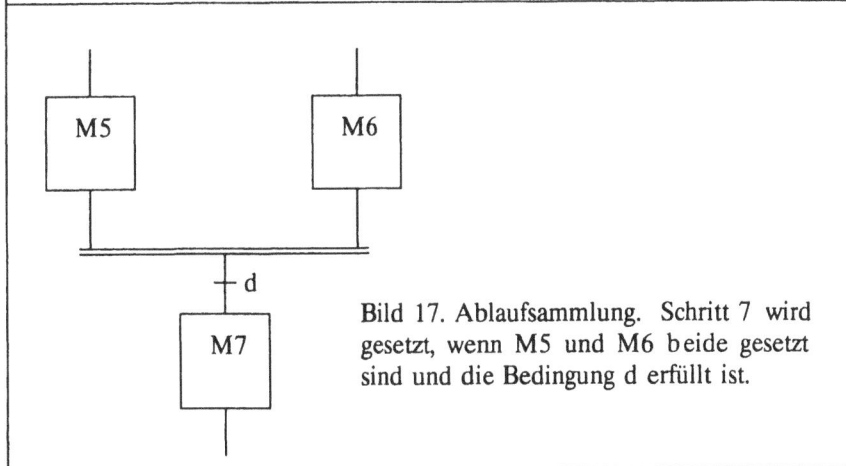

Bild 15. Ablaufzusammenführung. Schritt 8 wird gesetzt, wenn Schritt 6 gesetzt ist und g erfüllt ist, oder wenn Schritt 7 gesetzt ist und h erfüllt ist.

Bild 16. Ablaufspaltung. Die Schritte 8 und 9 werden beide gleichzeitig gesetzt, wenn M7 gesetzt ist und die Bedingung e erfüllt ist (Parallelablauf).

Bild 17. Ablaufsammlung. Schritt 7 wird gesetzt, wenn M5 und M6 beide gesetzt sind und die Bedingung d erfüllt ist.

Ablaufspaltung (Parallel-Verzweigung)

Bild 16 zeigt eine Ablaufspaltung. Wenn M7 und die Bedingung e beide 1 sind, werden sowohl M8 als auch M9 gesetzt. Der Umstand, daß M8 und M9 in demselben Augenblick gesetzt werden, wird in Bild 16 durch die horizontale Synchronisierungs-Doppellinie besonders hervorgehoben.

Ablaufsammlung (Parallel-Zusammenführung)

Bild 17 zeigt ein Beispiel für die Sammlung (zeit-) paralleler Abläufe. Schritt 7 wird nur dann gesetzt, wenn die Schritte 5 und 6 beide gesetzt sind, und wenn außerdem die Bedingung d erfüllt ist, $d = 1$. Die Setz- und Löschanweisungen für die Schrittlabel lauten also:

30 M7 = M7 OR (M5 AND M6 AND d)
40 M5 = M5 AND NOT M7
50 M6 = M6 AND NOT M7

Die horizontale Doppellinie in Bild 17 soll wieder besonders darauf hinweisen, daß synchrone Abläufe stattfinden. Die Zusammenführung von mehr als zwei Abläufen ist entsprechend definiert.

Beispiel. Steuerung eines Maschinenschlittens

Verlangte Funktion: Wenn ein Taster, der das Signal EIN = 1 abgibt, betätigt wird, soll der in Bild 18 dargestellte Maschinenschlitten die Bewegung Bild 19 einmal ausführen und dann stehen bleiben. Bei wiederholter Betätigung des Tasters wird die Bewegung zyklisch wiederholt.

Initiatoren und Stellgrößen: Die vier Annäherungsinitiatoren in Bild 18 geben die vier Signale x0, x1, x2, x3 ab. Diese Signale sind 1, wenn der Schlitten bei dem betreffenden Initiator ist. Der Schlitten hebt, wenn sein Motor die Signale yh = 1, ys = 0 bekommt. Er senkt, wenn ys = 1 und yh = 0 sind.

In Bild 19 sind die Schritte eingezeichnet. Es ergeben sich vier Schritte mit den Schritt-Labeln M1, M2, M3 und M4. Außerdem wird noch ein Schritt 0 mit dem Label M0 vorgesehen, bei dem die Steuerung in Ruhe ist, bei dem also yh = 0 und ys = 0 sind. M0 ist 1 während der Zeit vor und nach jedem Steuerzyklus. Für die Herleitung der folgenden Anweisungen sei daran erinnert, daß jeder Schritt durch seinen vorhergehenden Schritt und eine (Weiterschalt-) Bedingung gesetzt wird. Gelöscht wird jeder Schritt durch den nachfolgenden Schritt. Ein Schritt wird gesetzt/gelöscht, indem sein Lable 1/0 gemacht wird. In Bild 20 ist die Ablaufkette dargestellt. Aus diesem Bild folgen die logischen Verknüpfungen Bild 21. Damit erhält man für die einzelnen Schritte:

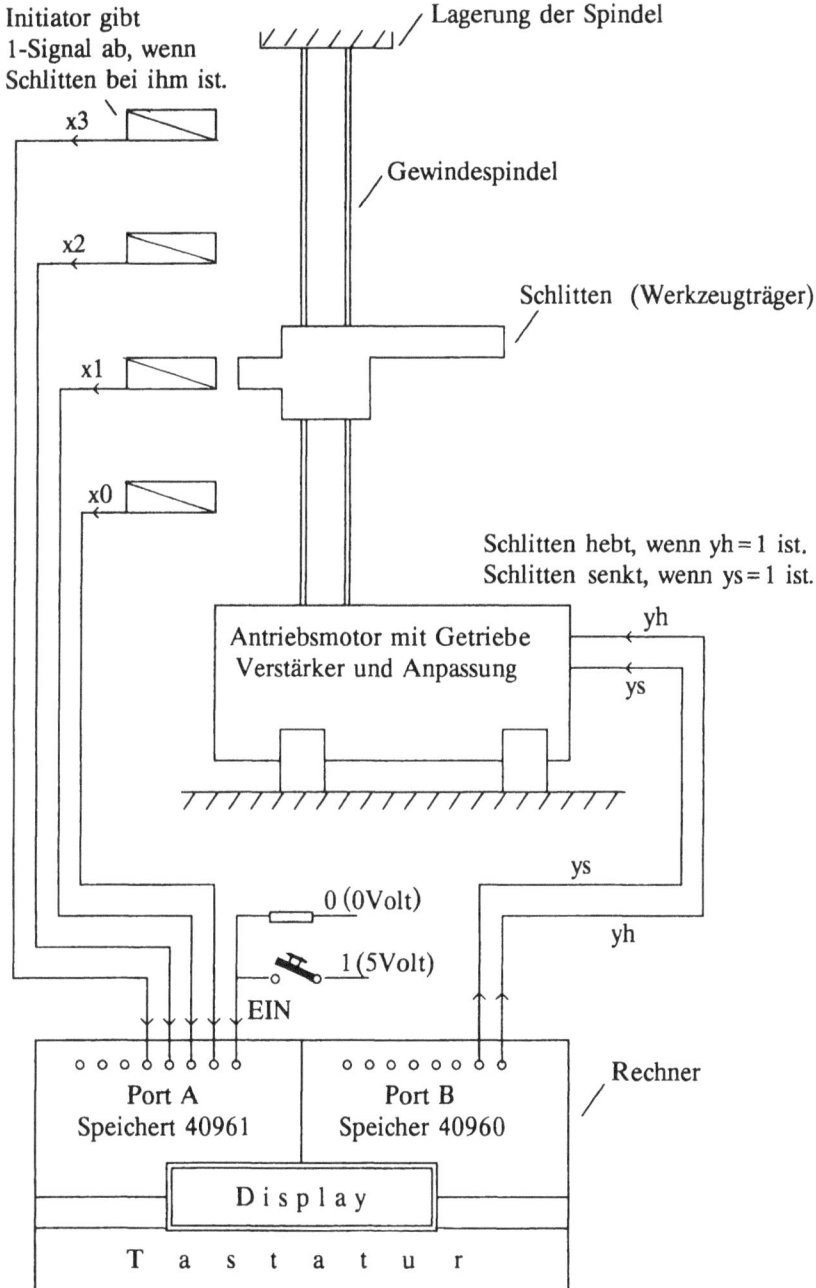

Initiator gibt
1-Signal ab, wenn
Schlitten bei ihm ist.

x3

Lagerung der Spindel

Gewindespindel

x2

Schlitten (Werkzeugträger)

x1

x0

Schlitten hebt, wenn yh = 1 ist.
Schlitten senkt, wenn ys = 1 ist.

Antriebsmotor mit Getriebe
Verstärker und Anpassung

yh

ys

ys

yh

0 (0Volt)

1 (5Volt)

EIN

Port A
Speichert 40961

Port B
Speicher 40960

Rechner

D i s p l a y

T a s t a t u r

Bild 18. Maschinenschlitten und steuernder Rechner. Der Elektromotor treibt
die Gewindespindel an und hebt und senkt damit den Schlitten.

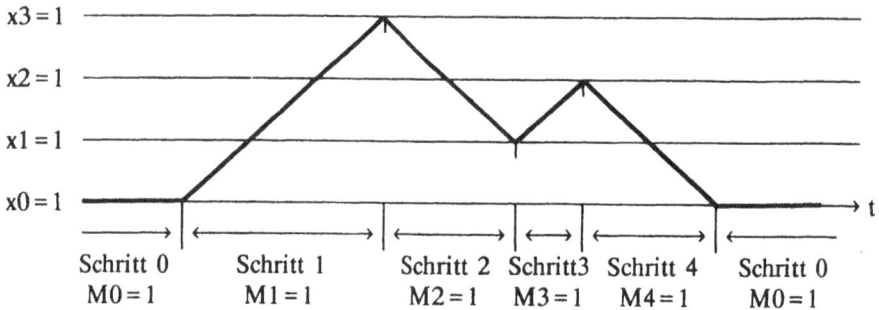

Bild 19. Vorgegebener Bewegungszyklus des Schlittens.

Schritt 1 (M1 = 1). Der Schritt 1 wird gesetzt durch den Schritt 0 und die (Weiterschalt-) Bedingung EIN = 1. Die Setzanweisung für M1 lautet also: M1 = M1 OR (M0 AND EIN) [1] . Während der Dauer von Schritt 1 hebt der Motor. Es ist also yh = M1.

Schritt 2 (M2 = 1). Der Schritt 2 wird gesetzt durch den Schritt 1 und die Bedingung x3 = 1. Die Setzanweisung für M2 lautet also: M2 = M2 OR (M1 AND x3). Während der Dauer von Schritt 2 senkt der Motor. Es ist also ys = M2.

Schritt 3 (M3 = 1). Der Schritt 3 wird gesetzt durch den Schritt 2 und die Bedingung x1 = 1. Die Setzanweisung für M3 lautet also: M3 = M3 OR (M2 AND x1). Während der Dauer von Schritt 3 hebt der Motor. Es ist daher yh = M3.

Schritt 4 (M4 = 1). Der Schritt 4 wird gesetzt durch den Schritt 3 und die Bedingung x2 = 1. Die Setzanweisung für M4 lautet also: M4 = M4 OR (M3 AND x2). Während der Dauer von Schritt 4 senkt der Motor. Es ist daher ys = M4.

Schritt 0 (M0 = 1). Der Schritt 0 wird gesetzt durch den Schritt 4 und die Bedingung x0 = 1. Die Setzanweisung für M0 lautet also: M0 = M0 OR (M4 AND x0).

---

[1] Wenn der Taster fortwährend gedrückt wird, so daß fortwährend EIN = 1 ist, werden M0 und M1 unmittelbar hintereinander gesetzt während desselben Programmdurchlaufes. Dies führt dazu, daß am Zyklusende yh und ys beide gleichzeitig logisch 1 sind. Um dies zu verhindern, wird nach der Regel von Seite 54 die Setzanweisung erweitert um das Glied AND NOT M4. Man bekommt dann für M1 die Setzanweisung Programmzeile 25: M1 = M1 OR (M0 AND NOT M4 AND EIN), siehe nächste Seite.

Programm für C, Pascal und Basic (Schlittensteuerung)

```
10 M0 = -1
15 INPUT EIN, x0, x1, x2, x3                    Eingeben der Signale
20 M0 = M0 OR (M4 AND x0)
25 M1 = M1 OR (M0 AND NOT M4 AND EIN)
30 M2 = M2 OR (M1 AND x3)                        Setzen der Schrittlabel
35 M3 = M3 OR (M2 AND x1)
40 M4 = M4 OR (M3 AND x2)
45 M0 = M0 AND NOT M1
50 M1 = M1 AND NOT M2
55 M2 = M2 AND NOT M3                            Löschen der Schrittlabel
60 M3 = M3 AND NOT M4
65 M4 = M4 AND NOT M0
70 yh = M1 OR M3
75 ys = M2 OR M4                                Berechnung der Stellgrößen
80 PRINT yh, ys
85 GOTO 15                                      Augeben der Stellgrößen
```

Zur Gegenüberstellung ist dieses Programm nachfolgend noch einmal wiedergegeben, wobei jedoch die Setz- und Löschanweisungen in der Form der Gleichungen (1b) und (2b) der Seite 13 geschrieben sind. Welches Programm man vorzieht, ist geschmackssache, und höchstens davon abhängig, welches Programm von dem jeweiligen Rechner schneller abgearbeitet wird. Die obere Version hat allerdings den Vorzug, (nahezu) davon unabhängig zu sein, wie die logische 1 vom Rechner dargestellt wird (ob als -1 wie bei den hier verwendeten Programmiersprachen oder auf andere Weise).

Programm für C, Pascal und Basic (zweite Version für Schlittensteuerung)

```
10 M0 = -1
15 INPUT EIN, x0, x1, x2, x3                    Eingeben der Signale
20 IF (M4 AND x0) THEN M0 = -1
25 IF (M0 AND NOT M4 AND EIN) THEN M1 = -1
30 IF (M1 AND x3) THEN M2 = -1                  Setzen der Schrittlabel
35 IF (M2 AND x1) THEN M3 = -1
40 IF (M3 AND x2) THEN M4 = -1
45 IF M1 THEN M0 = 0
50 IF M2 THEN M1 = 0
55 IF M3 THEN M2 = 0                            Löschen der Schrittlabel
60 IF M4 THEN M3 = 0
65 IF M0 THEN M4 = 0
70 yh = M1 OR M3
75 ys = M2 OR M4                                Berechnung der Stellgrößen
80 PRINT yh, ys
85 GOTO 15                                      Ausgeben der Stellgrößen
```

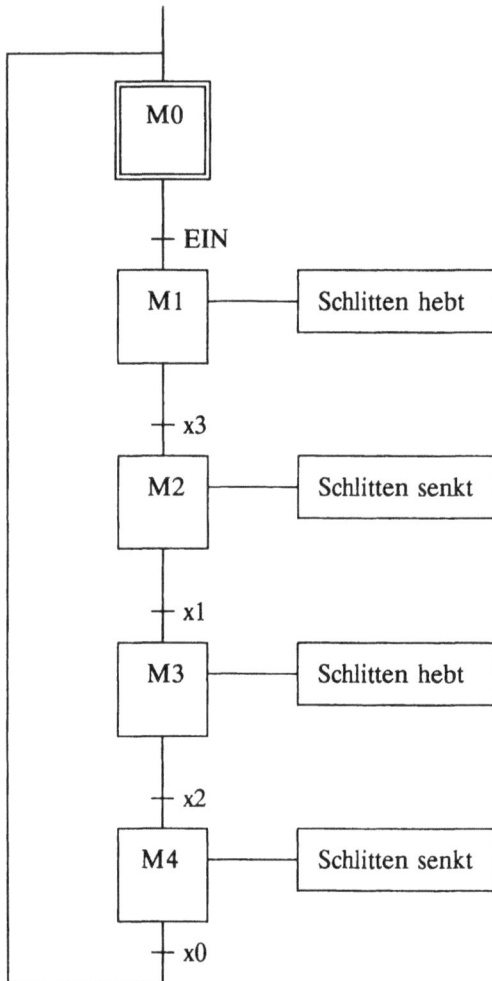

Bild 20. Die Ablaufkette der Schlittensteuerung.
Die Beschriftung bei Schritt 1 ist beispielsweise folgendermaßen zu interpretieren: Schritt 1 wird gesetzt, wenn M0 gesetzt ist und die Bedingung EIN = 1 erfüllt ist. Wenn M1 gesetzt ist, hebt der Schlitten. Die Anweisungen für das Enablen und Disablen der Schritte haben die allgemeine Form

Setzen von Mn: Mn = Mn OR (Mn-1 AND Bedingung) ,

Löschen von Mn: Mn = Mn AND NOT Mn+1 .

```
M4 ──┐                              M3 ──┐
     ├─ &  ── S                          ├─ &  ── S
x0 ──┘                              x2 ──┘
     M1 ──── R ──── M0                    M0 ──── R ──── M4


M0 ──┐                              M1 ──┐
M4 ──┤                                   ├─ ≥1 ── yh
     ├─ &  ── S                     M3 ──┘
EIN ─┘
     M2 ──── R ──── M1                    M2 ──┐
                                              ├─ ≥1 ── ys
                                         M4 ──┘

M1 ──┐
     ├─ &  ── S
x3 ──┘
     M3 ──── R ──── M2


M2 ──┐
     ├─ &  ── S
x1 ──┘
     M4 ──── R ──── M3
```

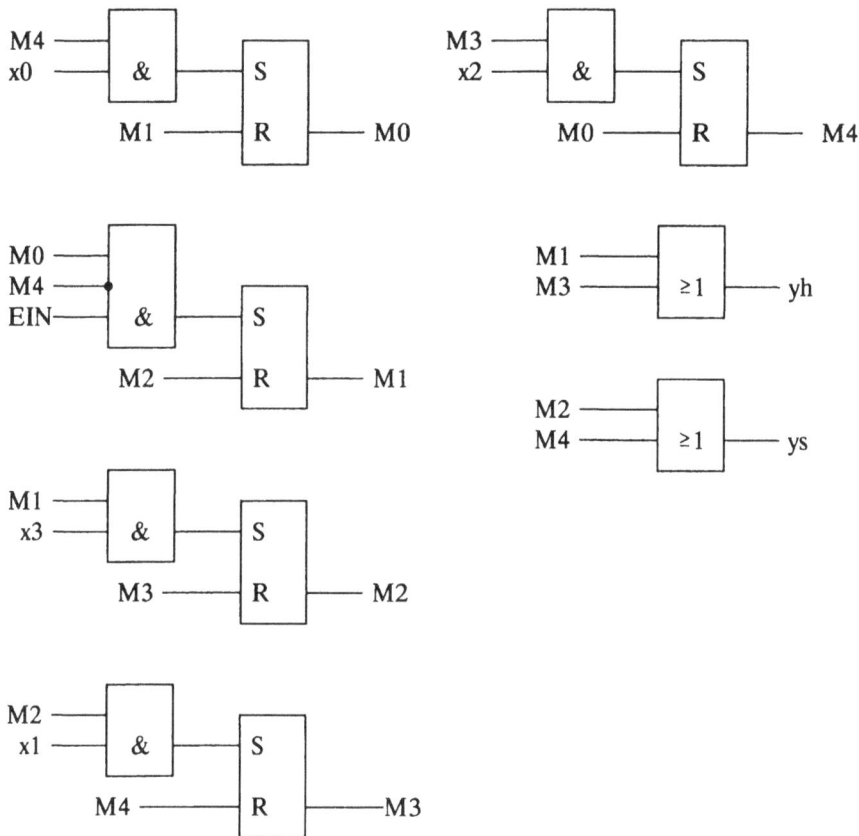

Bild 21. Die logischen Verknüpfungen der Schlittensteuerung. Die Schrittlabel
werden mit der Anweisung
   Mn = Mn OR (Mn-1 AND Bedingung).
gesetzt. Nur Schritt 1 wird mit der Anweisung
   Mn = Mn OR (Mn-1 AND NOT Mn-2 AND Bedingung).
gesetzt. Der Term AND NOT Mn-2 bewirkt, daß auf jeden Fall Mn
erst gesetzt werden kann, wenn Mn-2 gelöscht ist (Regel von Seite 54).

Austesten des Programmes. Um das Programm zu testen, ohne daß die Steuerstrecke zur Verfügung steht, wird das Programm mit RUN gestartet, nachdem vorher die
Printzeile so erweitert worden ist, daß auch die Signale EIN, x0, x1, x2, x3 ausgedruckt
werden. Nach dem RUN wird dann die folgende Tabelle ausgedruckt. Die Werte der
linken fünf Tabellenspalten wurden mit INPUT eingegeben. Diese Werte sind so gewählt
worden, daß ein Steuervorgang simuliert wird. Man erkennt, daß das Programm richtige
Werte für yh und ys berechnet. Da vor Zyklusende EIN = 0 gegeben wird, kann in Programmzeile 25 M1 nicht setzen und der Schlitten bleibt am Zyklusende stehen.

EIN	x0	x1	x2	x3	yh	ys
0	-1	0	0	0	0	0
-1	-1	0	0	0	-1	0
-1	-1	0	0	0	-1	0
-1	0	-1	0	0	-1	0
-1	0	0	-1	0	-1	0
-1	0	0	0	-1	0	-1
-1	0	0	0	-1	0	-1
-1	0	0	0	-1	0	-1
0	0	0	0	-1	0	-1
0	0	0	-1	0	0	-1
0	0	-1	0	0	-1	0
0	0	0	-1	0	0	-1
0	0	-1	0	0	0	-1
0	-1	0	0	0	0	0
0	-1	0	0	0	0	0
0	-1	0	0	0	0	0

3.2 Betriebsartenteil einer industriellen Steuerung

Außer dem Funktionsteil, der bisher besprochen wurde, benötigt jede industrielle Steuerung noch einen Betriebsartenteil, mit dem man (bei laufendem Programm) über ein Bedienfeld (Bild 22) den Steuervorgang starten und stoppen und in verschiedene Betriebsarten bringen kann. Beim Einrichten der gesteuerten Maschine muß die Steuerung jeden Schritt einzeln ausführen können, d.h. die Steuerung muß nach jedem Schritt halten und wieder starten können. Dies ist der Einzelschrittbetrieb. Ebenso muß man die Steuerung am Ende jedes Steuerzyklus stoppen und wieder starten können. Außerdem muß man zu Prüfzwecken (ohne Erfüllung der Bedingungen g, h, i, . . . in Bild 10)) die Schritte von Hand weiterschalten können, d.h. man muß nacheinander die Schrittlabel Mn in der richtigen Reihenfolge 1 machen können. Schließlich ist noch eine Befehlsfreigabe vorgesehen, so daß die Stellsignale nur dann an die Steuerstrekke weitergegeben werden, wenn die Befehlsfreigabe betätigt wird. Darüber hinaus ist eine Reihe von Sicherheitsmaßnahmen erforderlich, die einen gefahrfreien Betrieb garantieren. Unter diese Sicherheitsmaßnahmen fallen:

Schutz gegen selbsttätigen Wiederanlauf nach Stromausfall,
Schutz vor Gefahren, die durch Drahtbruch entstehen,
Schutz vor Überfahren von Grenzschaltern,
Notaus,
Schutz vor Erdschluß,
Schutz gegen Falschbedienung,
Schutz gegen Rechnerausfall

und andere. Aus Platzgründen soll hier auf die Sicherheitsmaßnahmen nicht weiter eingegangen werden, zumal man diese ähnlich in das Programm einarbeiten kann wie den im Folgenden behandelten Betriebsartenteil. Außerdem müssen die Maßnahmen, die der Sicherheit dienen, aufgrund gesetzlicher Vorschriften z.T. direkt im elektromechanischen Teil der Anlage realisiert werden. Bild 22 zeigt das Bedienfeld, das in den folgenden Beispielen benutzt werden soll. Es besteht aus einem Schalter, mit dem der Automatikbetrieb ein- und ausgeschaltet werden kann, sowie vier Tastern und zehn Lampen. Insgesamt lassen sich mit dem Bedienfeld folgende Signale erzeugen:

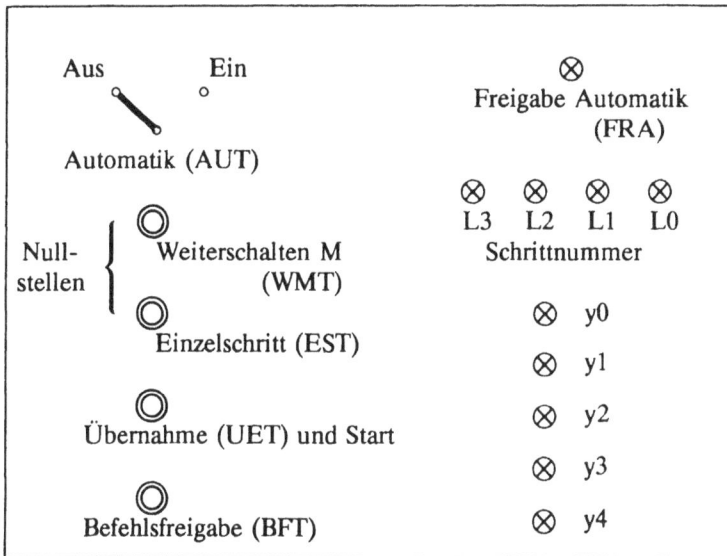

Bild 22. Das Bedienfeld, bestehend aus einem Schalter für Automatik EIN/AUS, vier Tastern und zehn Lampen. Das "T" in den Kurzbezeichnungen bedeutet stets "von einem Taster abgegebenes Signal". Nur AUT ist ein Schaltersignal.

AUT   Abkürzung für Automatik.

WMT   Abkürzung für Weiterschalten des Label Mn von Hand, ohne daß die Weiterschaltbedingungen g, h, i, $\cdots$ (Bild 10) erfüllt sind.

EST   Abkürzung für Einzelschritt-Betrieb. In diesem Modus arbeitet die Steuerung wie im Automatik-Betrieb; jedoch stoppt der Steuervorgang am Ende jedes Schrittes.

UET   Abkürzung für Uebernahme. Durch Drücken der UET-Taste entsteht das Signal UE, das genau für die Zeit eines Programmdurchlaufes 1 ist. UE ist also ein Wischsignal (siehe Seite 59, Programmzeile 20).

BFT   Abkürzung für Befehlsfreigabe.

NU   Nullstell-Signal wird bei Automatik "AUS" erzeugt durch gleichzeitiges Betätigen des WMT-Tasters und des EST-Tasters.

Die Taster-Signale sind 1, wenn die Taster gedrückt werden. Der Buchstabe T in den Kurzbezeichnungen deutet darauf hin, daß es sich um Tastersignale handelt (außer bei AUT). Der Betriebsartenteil ist in den Bildern 23a bis h dargestellt. Ihm liegen die folgenden Bedienungsvorschriften zugrunde:

Automatikbetrieb. Bei der Schalterstellung Automatik EIN ist AUT = 1, und in der Schalterstellung Automatik AUS ist AUT = 0. Um die Steuerung im Automatikbetrieb zu starten, werden zunächst bei AUT = 0 die beiden Taster WMT und EST gleichzeitig gedrückt. Dadurch wird nach Bild 23h das Nullstell-Signal NU = 1, und die Ablaufkette wird aufgrund der Bilder 23a,b in die "Nullstellung" gebracht, in der M0 = 1 ist (siehe unten). Ferner wird die Steuerstrecke durch Eingriff an der Steuerstrecke von Hand in die Grundstellung gebracht, wodurch das "Grundstellungs-Signal" gr = 1 wird. Wenn dann der Automatikschalter auf EIN gestellt wird (AUT = 1) und der Übernahmetaster betätigt wird (UET = 0/1/0), wird nach Bild 23c das Signal FRA = 1 und die Steuerung läuft im Automatikbetrieb, wie man aus den Bildern 23a, 23b erkennt. Das Signal FRA = 1 wird im Bedienfeld durch das Leuchten einer Lampe angezeigt. Aufgrund der Verknüpfung Bild 23g ist die Befehlsfreigabe immer eingeschaltet, wenn FRA = 1 ist. Im Automatikbetrieb hat man also nicht die Möglichkeit zu verhindern, daß die Stellgrößen vom Rechner zur Steuerstrecke übertreten. Das Signal UE in den Schaltungen Bilder 23c,d,e ist ein Impuls (siehe oben), der beim Betätigen des UET-Tasters entsteht. Wenn die Steuerung im Automatikbetrieb arbeitet und der Automatikschalter auf "Automatik aus" gestellt ist, stoppt die Steuerung *am Ende des Steuerzyklus*, weil AUT = 0 und M0 = 1 nach Bild 23c FRA löschen, so daß die auf M0 folgenden Schritte wegen FRA = 0 nicht gesetzt werden, wie die Verknüpfung Bild 23b zeigt.

Weiterschalten der Schrittlabel Mn von Hand ohne daß die Weiterschaltbedingungen g, h, i, . . l . . . in Bild 10 erfüllt sind (kurz "Weiterschalten M" genannt). Wenn der Automatikschalter auf "Automatik aus" steht (AUT = 0) und bei gedrückter WMT-Taste die Übernahmetaste fortwährend betätigt wird, werden M0, M1, M2 usw. zyklisch nacheinander 1, wobei immer Mn-1 gelöscht wird, wenn Mn gesetzt wird, so daß immer nur einer das Label 1 ist. Man erkennt dies aus den Bildern 23d und 23a,b sowie dem Programm Seite 59. Die dabei vom Rechnerprogramm erzeugten Stellgrößen y0, y1, y2, . . . treten aufgrund der Verknüpfung Bild 23g nur dann vom Rechner zur Steuerstrecke über, wenn der Befehlsfreigabe-Taster betätigt wird, so daß das Befehlsfreigabe-Signal BFT = 1 ist. Die beiden Betriebsarten " Weiterschalten Mn von Hand" und "Einzelschritt-Betrieb" dienen dem Einrichten der Maschine und der Überprüfung der Steuerung. Die Befehlsfreigabe schafft die Möglichkeit, daß man die Stellgrößen zunächst überprüft, bevor man sie zur Steuerstrecke gibt.

Einzelschrittbetrieb. Wenn der Automatikschalter auf "Automatik aus" steht, der Einzelschritt-Taster gedrückt wird und gleichzeitig der Übernahme-Taster betätigt wird, arbeitet die Steuerung den jeweils nächsten Schritt ab und stoppt am Ende des Schrittes. Die Steuerung stoppt an jedem Schrittende, weil aufgrund der Verknüpfung Bild 23e das Signal ES ebenso wie UE nur für die Zeit eines einzigen Programmdurchlaufes 1 ist, wenn die UET-Taste einmal betätigt wird. Mit einmaligem Betätigen der UET-Taste wird daher, wie man aus den Zeilen 100 bis 130 des Programmes auf Seite 59 erkennt, immer nur einen Schritt weitergeschaltet. Die Stellgröße wird im Einzelschrittbetrieb nur dann an die Steuerstrecke übergeben, wenn der Befehlsfreigabe-Taster betätigt wird, so daß BFT = 1 ist in Bild 23g. Man hat also die Möglichkeit, den Stellbefehl zunächst zu kontrollieren, bevor er von der Steuerstrecke ausgeführt wird.

Nullstellen der Steuerung. Hierunter ist zu verstehen, daß man M0 den Wert 1 und allen anderen Schrittlabeln den Wert 0 gibt. Das Nullstellen geschieht dadurch, daß bei "Automatik aus" (AUT = 0) die beiden Taster WMT und EST gleichzeitig betätigt werden. Nach Bild 23h ist dann NU = 1 und aus den Verknüpfungen 23a,b folgt mit NU = 1 weiter M0 = 1 und Mn = 0 (n ≠ 0).

Schrittnummern. Beim Einrichten der Maschine muß die Nummer des jeweils enabledten Schrittes bekannt sein. Daher hat das Bedienfeld vier Lampen, mit denen die Schrittnummer als Binärzahl L3 L2 L1 L0 angezeigt wird. Der Binärcode wird verwendet, weil er besonders leicht zu handhaben ist. Dabei wird die Null nicht als 0000 (alle Lampen aus) sondern als 1111 angezeigt, damit jederzeit erkennbar ist, ob die Schrittanzeige arbeitet. Um die Logik für die Ansteuerung der Lampen zu gewinnen, werden die Binärzahlen von 0 bis 14 aufgeschrieben (siehe unten). L0 ist dann die ODER-Verknüpfung der Schrittlabel Mn, die in der rechten Zahlenspalte, über der L0 steht, eine 1 haben. L1 ist die ODER-Verknüpfung der Schrittlabel Mn, die in der Zahlenspalte eine 1 haben, über der L1 steht. Entsprechendes gilt für L2 und L3. Auf diese Weise bekommt man für L0, L1, L2 und L3 die in Bild 23f dargetellten Verknüpfungen.

	L3	L2	L1	L0
M0	1	1	1	1
M1	0	0	0	1
M2	0	0	1	0
M3	0	0	1	1
M4	0	1	0	0
M5	0	1	0	1
M6	0	1	1	0
M7	0	1	1	1
M8	1	0	0	0
M9	1	0	0	1
M10	1	0	1	0
M11	1	0	1	1
M12	1	1	0	0
M13	1	1	0	1
M14	1	1	1	0

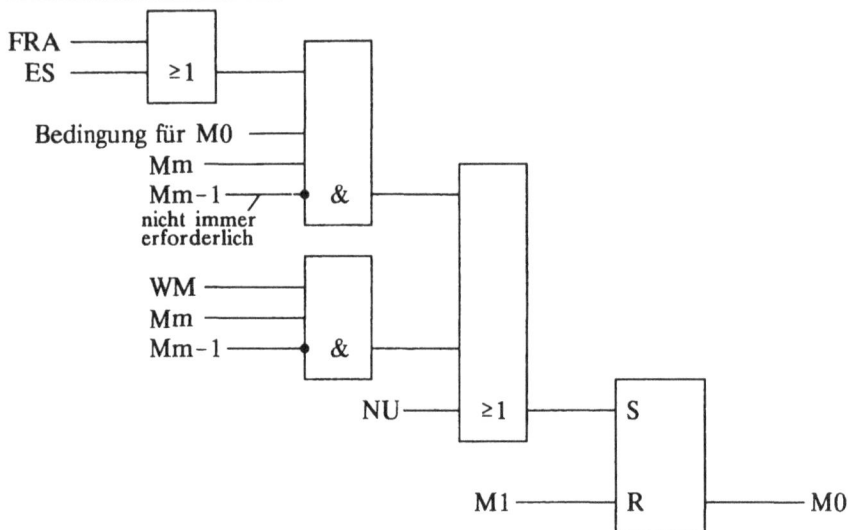

Bild 23a. Anfangsschritt M0. Die Logik wird durch die folgenden drei Anweisungen realisiert (Mm bezeichnet den letzten Schritt der Ablaufkette):

M0 = M0 OR (Mm AND NOT Mm-1 AND Bedingung AND (FRA OR ES))
   M0 = M0 OR (Mm AND NOT Mm-1 AND WM) OR NU
   M0 = M0 AND NOT M1

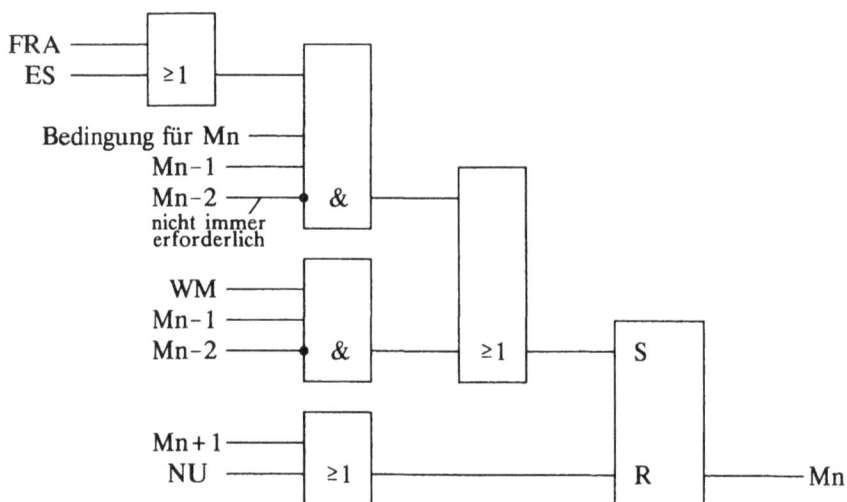

Bild 23b. Logik für alle Schrittlabel Mn (außer für M0). Die Logik wird durch
   die folgenden drei Anweisungen realisiert (n = 1, 2, 3, . . . m):

Mn = Mn OR (Mn-1 AND NOT Mn-2 AND Bedingung AND (FRA OR ES))
   Mn = Mn OR (Mn-1 AND NOT Mn-2 AND WM)
   Mn = Mn AND NOT (Mn+1 OR NU)

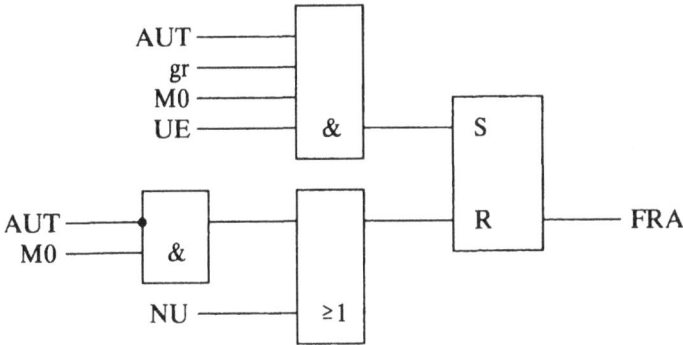

Bild 23c. Logik für FRA (FRA=1 gibt den Automatikbetrieb frei). Die Logik wird durch die folgenden beiden Anweisungen realisiert:
FRA = FRA OR (AUT AND gr AND M0 AND UE)
FRA = FRA AND NOT ((NOT AUT AND M0) OR NU)

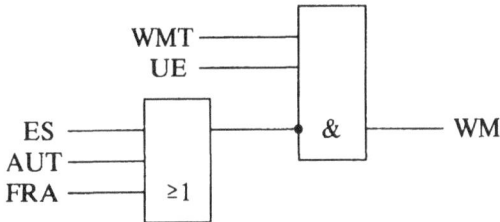

Bild 23d. Logik für WM. Die Entsprechende logische Gleichung lautet:
WM = WMT AND UE AND NOT (ES OR AUT OR FRA)

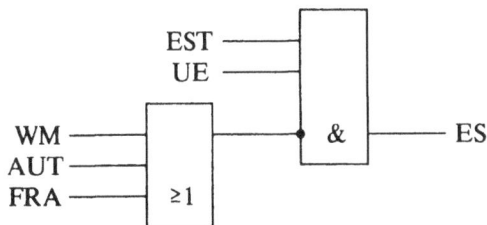

Bild 23e. Logik für ES. Die entsprechende logische Gleichung lautet:
ES = EST AND UE AND NOT (WM OR AUT OR FRA)

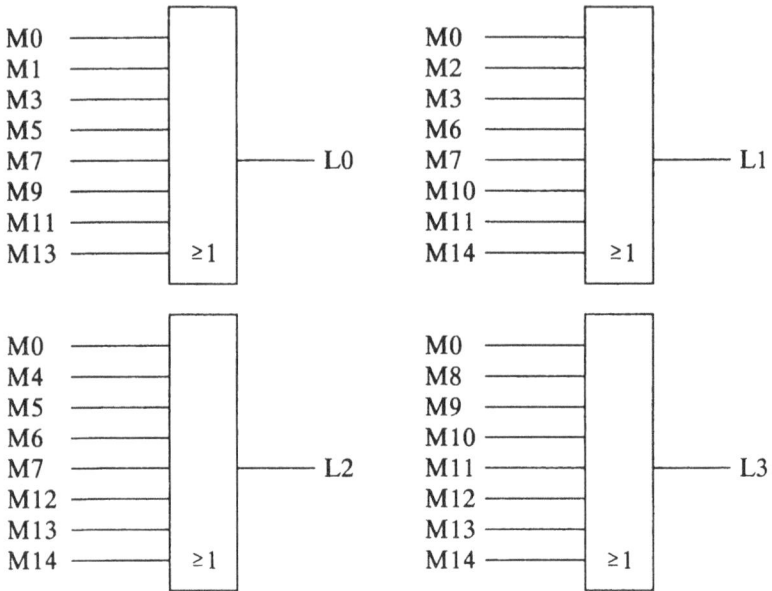

Bild 23f. Ermittlung der einzelnen Bit der Schrittnummer L3 L2 L1 L0
        L3 = M0 OR M8 OR M9 OR M10 OR M11 OR M12 OR M13 OR M14
        Logische Gleichungen für L2, L1 und L0 entsprechend.

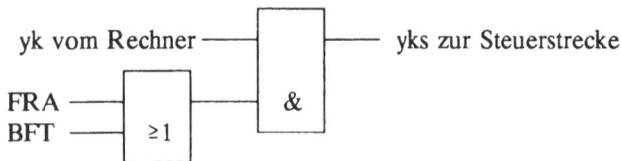

Bild 23g. Befehlsfreigabe. yks = yk AND (FRA OR BFT) mit k = 0, 1, 2, . . .

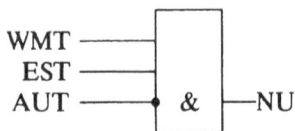

Bild 23h. Nullstellsignal. NU = WMT AND EST AND NOT AUT

3.3 Steuerung mit einfacher Ablaufkette

Beispiel. Steuern einer Schleifvorrichtung

Funktion der Steuerung: In Bild 24 ist die Steuerstrecke dargestellt. Ein Werkstück fällt von einem Magazin auf eine Grundplatte. Der pneumatisch angetriebene Schieber 2 schiebt es gegen den Anschlag und hält es dort mit seiner Kolbenkraft fest, indem der Druck auf dem Kolben stehen bleibt. Danach wird die Schleifscheibe, die in dem Schlitten gelagert ist, von dem Vorschubmotor nach links über das Werkstück hinwegbewegt und wieder nach rechts außer Eingriff gebracht. Als nächstes geht der Schieber 2 wieder in seine Grundstellung zurück. Danach wirft der Auswerfschieber 1 das bearbeitete Werkstück nach rechts von dem Tisch in einen Auffangkorb und geht nach links in seine Grundstellung zurück. Damit ist der Zyklus beendet und beginnt von vorn.

Initiatoren und Stellgrößen. Wie Bild 24 zeigt, sind alle Initiatoren Annäherungsinitiatoren. $x0$ und $x4$ sind 1, wenn die Kolben in den dargestellten Grundstellungen sind. $x1$ und $x5$ sind 1, wenn die Kolben vorgeschoben sind. $x2$ und $x3$ sind 1, wenn der Schleifschlitten in der rechten bzw. in der linken Endstellung ist. Wenn $y4s = 1$ ist, strömt Druckluft in den Zylinder des Schiebers 2, und der Kolben bewegt sich nach rechts, wobei in dem Zylindern eine Feder zusammengedrückt wird. Wenn $y4s = 0$ ist, entlüftet der Zylinder des Schiebers 2 und die Feder treibt den Schieber wieder in seine Grundstellungen zurück. Der Schleifschlitten fährt nach links, wenn $y2s = 1$ ist; er fährt nach rechts, wenn $y3s = 1$ ist. Der Schieber 1 geht nach rechts, wenn $y0s = 1$ ist, er geht nach links, wenn $y1s = 1$ ist. Im Normalbetrieb ist $y0s = y0$, $y1s = y1$, $y2s = y2$, $y3s = y3$, $y4s = y4$ (siehe Seite 46). $gr = x0 \wedge x2 \wedge x4 = 1$, wenn die Anlage in der Grundstellung ist.

Die Ablaufkette. Aus dem oben beschriebenen Funktionsablauf folgt das Diagramm Bild 25. Man erhält 7 Schritte und daher sieben Schrittlabel M0, M1, . . . M6. Aus dem Diagramm liest man für die Schritte ab:

Schritt 1 (M1 = 1). Der Schritt 1 wird gesetzt durch den Schritt 0 und die Bedingung $gr = 1$. Da die Setzbedingung $gr = 1$ des Label M1 auch in dem Zeitpunkt 0 erfüllt ist, in welchem M0 gesetzt wird (Bild 25), ist die Regel von Seite 54 zu beachten, so daß M1 von (M0 AND NOT M6 AND gr) gesetzt wird [1]. Während des Schrittes 1 wird mit der Stellgröße $y4 = M1$ Druckluft in den Zylinder des Schiebers 2 gegeben und das Werkstück gegen den Anschlag geschoben.

Schritt 2 (M2 = 1). Schritt 2 wird gesetzt durch Schritt 1 und die Bedingung $x5 = 1$. M2 wird also von (M1 AND x5) gesetzt [1]. Während der Dauer von Schritt 2 wird das Werkstück weiterhin mit der Stellgröße $y4 = M2$ festgehalten, und der Schleifschlitten wird mit der Stellgröße $y2 = M2$ nach links bewegt.

---

[1] In den Programmzeilen 100 bis 130 tritt noch (FRA OR ES) hinzu, s. Bild 27b.

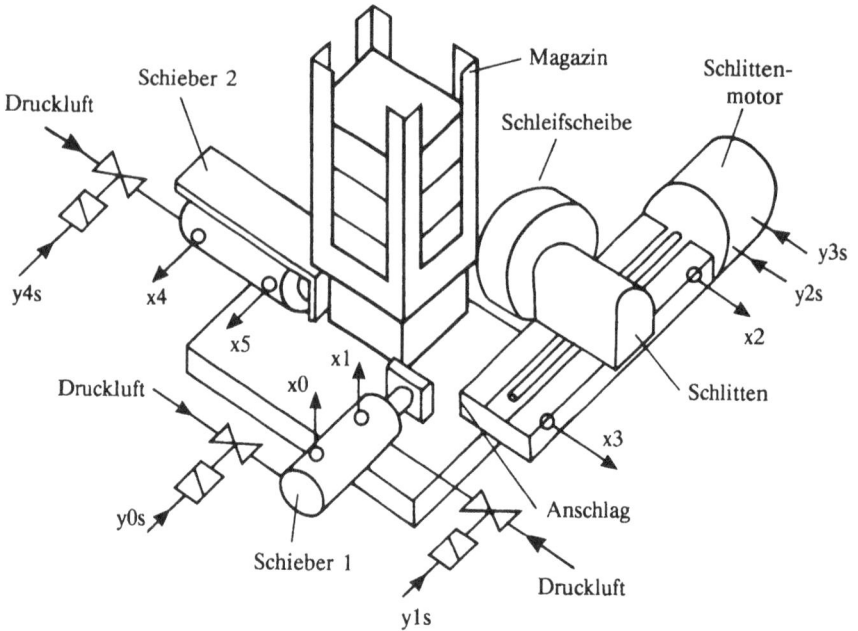

Bild 24. Die Schleifvorrichtung.

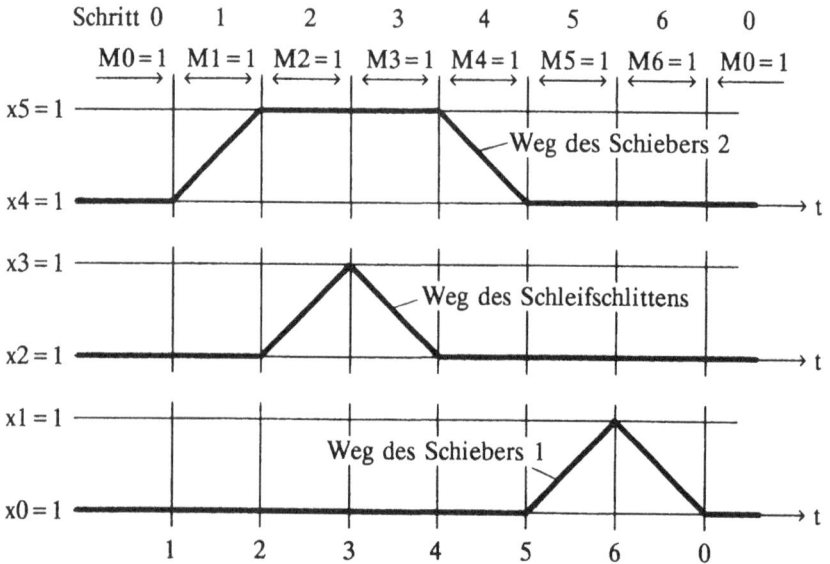

Bild 25. Ablaufdiagramm eines Steuerzyklus der Schleifvorrichtung (t Zeit).

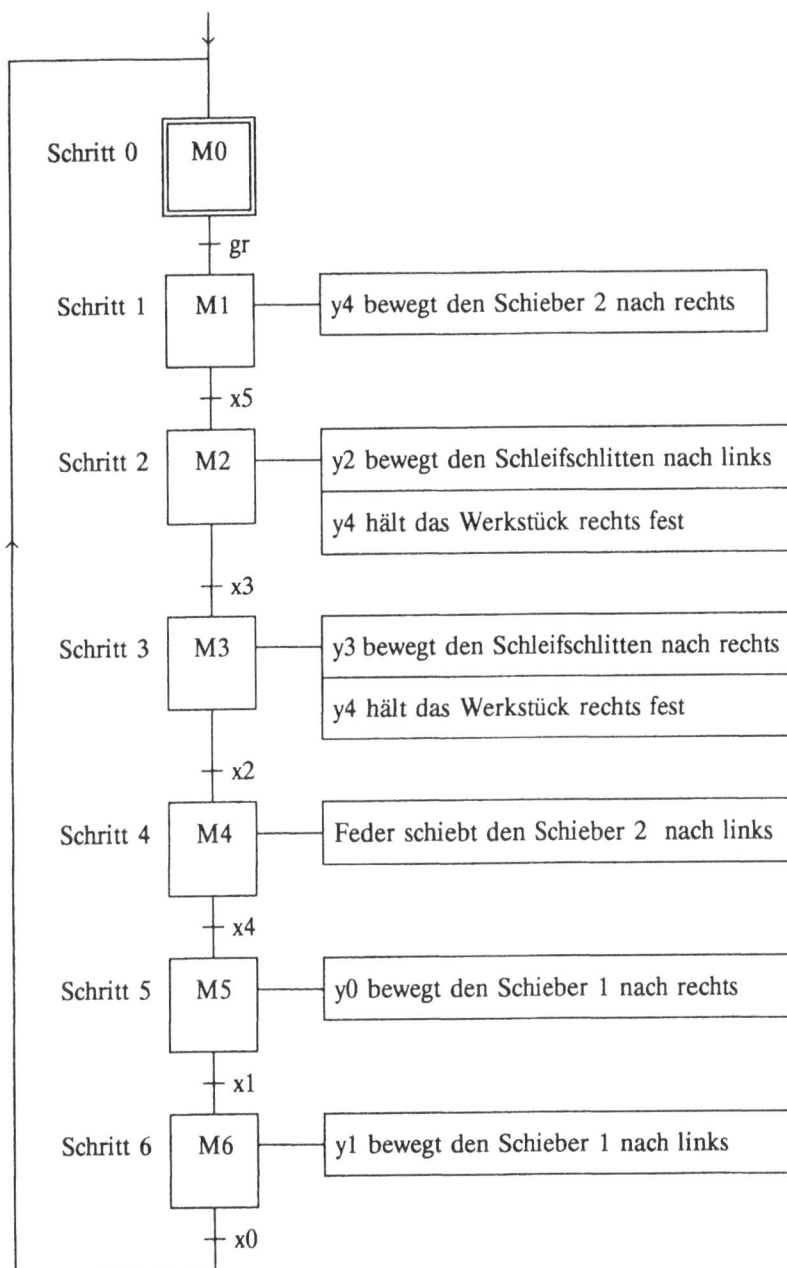

Bild 26. Ablaufkette der Schleifvorrichtung-Steuerung. Wie diese Darstellung zu interpretieren ist, soll noch einmal an dem Schritt 6 erläutert werden: Wenn M5 = 1 und x1 = 1 sind, wird das Schrittlabel M6 gesetzt (M6 = 1) und y1 bekommt den Wert y1 = M6 (d.h. y1 ist solange 1, wie M6 = 1 ist).

Schritt 3 (M3 = 1). Schritt 3 wird gesetzt durch den Schritt 2 und die Bedingung x3 = 1. M3 wird also von (M2 AND x3) gesetzt [1]). Während der Dauer von Schritt 3 wird das Werkstück weiterhin festgehalten mit der Stellgröße y4 = M3 und der Schleifschlitten wird nach rechts bewegt mit der Stellgröße y3 = M3.

Schritt 4 (M4 = 1). Schritt 4 wird gesetzt durch den Schritt 3 und die Bedingung x2 = 1. M4 wird also von (M3 AND x2) gesetzt [1]).Während der Dauer von Schritt 4 wird der Schieber 2 von einer Feder nach links bewegt, wobei der Zylinder des Schiebers 2 entlüftet wird mit y4 = 0.

Schritt 5 (M5 = 1). Der Schritt 5 wird gesetzt durch den Schritt 4 und die Bedingung x4 = 1. M5 wird also von (M4 AND x4) gesetzt [1]). Während der Dauer von Schritt 5 wird der Schieber 1 nach rechts bewegt mit Hilfe der Stellgröße y0 = M5.

Schritt 6 (M6 = 1). Der Schritt 6 wird gesetzt durch den Schritt 5 und die Bedingung x1 = 1. M6 wird also von (M5 AND x1) gesetzt [1]). Während der Dauer von Schritt 6 wird der Schieber 1 nach links bewegt mit Hilfe der Stellgröße y1 = M6.

Schritt 0 (M0 = 1). Der Schritt 0 wird gesetzt durch den Schritt 6 und die Bedingung x0 = 1. M0 wird also von (M6 AND x0) gesetzt [1]).

Damit erhält man die in Bild 26 dargestellte Ablaufkette. Der im vorhergehenden Abschnitt entwickelte Betriebsartenteil soll ungeändert übernommen werden. Dann hat man für die Steuerung die logischen Verknüpfungen Bilder 23c bis 23h und Bilder 27a bis 27d. Für ordnungsgemäßes Abarbeiten des Steuerprogrammes ist es grundsätzlich erforderlich, *daß höchstens ein Schritt gesetzt wird, wenn das Programm einmal durchlaufen wird.* Anderenfalls kann es nämlich geschehen, daß ein Schritt nicht gelöscht wird oder daß eine Stellgröße nicht den richtigen Wert bekommt. Daß bei einmaligem Programmdurchlauf mehr als ein Schritt gesetzt wird tritt auf, wenn eine Setzbedingung in zwei aufeinander folgenden Setzzeitpunkten logisch 1 ist. Daher ist in diesem Fall die folgende Regel zu beachten (s. auch Tabellen Anhang 7.4):

> *Wenn die Setzbedingung g des Label Mn auch in dem Zeitpunkt logisch 1 ist, in welchem das vorhergehende Label Mn-1 gesetzt wird, dann ist die Setzanweisung von Mn um den Term AND NOT Mn-2 zu erweitern, so daß Mn die Setzanweisung Mn = Mn OR (Mn-1 AND NOT Mn-2 AND g) hat.*

Diese Regel ist anzuwenden bei den Zeilen 65 bis 95 des nachfolgenden Programmes, die alle gar keine Setzbedingung haben (also die gleiche), sowie bei der Zeile 105, weil in dem Beispiel die Setzbedingungen gr = 1 von M1 auch in dem Zeitpunkt erfüllt is, in welchem M0 gesetzt wird (s. Bild 25).

---

[1]) In den Programmzeilen 100 bis 130 tritt noch (FRA OR ES) hinzu, s. Bilder 27a,c,d.

Erläuterungen zum Programm der Schleifvorrichtung

Die Zeilen 20 bis 50 stellen den Betriebsartenteil dar.
Die Zeilen 65 bis 95 sind für das Weiterschalten des Schrittlabel Mn von
Hand (Siehe hierzu die Regel von Seite 54). UE ist nach Zeile 20 ein
Wischsignal, so daß auch WM aufgrund der Zeile 40 ein Wischsignal ist.
Die Zeilen 100 bis 130 sind die Setzanweisungen bei Automatik- und Einzelschritt-Betrieb (nach den Regeln Seiten 33 und 54).
Die Zeilen 135 bis 165 sind für das Löschen der Schrittlabel.
Die Zeilen 170 bis 190 dienen der Berechnung der Stellgrößen. Die Formeln
der Seiten 51 und 54 $y0 = M5$, $y1 = M6$, $y2 = M2$, $y3 = M3$ werden um die
verneinte Weiterschaltbedingung des jeweils nachfolgenden Schrittes erwei-
tert, damit **im Einzelschrittbetrieb die Initiatoren nicht überfahren
werden.** (Nur y4 bleibt ungeändert, weil Druck in Zylinder 2 stehen blei-
ben soll, wenn Schieber 2 an den Anschlag läuft). Man bekommt:
$y0 = M5$ AND NOT $x1$,
$y1 = M6$ AND NOT $x0$,
$y2 = M2$ AND NOT $x3$,
$y3 = M3$ AND NOT $x2$,
$y4 = M1$ OR $M2$ OR $M3$.
Diese zusätzlichen Bedingungen $\overline{x1}$, $\overline{x0}$, $\overline{x3}$, $\overline{x2}$, die der Einzelschrittbetrieb
erfordert, sind in Bild 26 nicht dargestellt.
Die Zeilen 200 bis 220 dienen der Freigabe der Stellgrößen.
Die Zeilen 225 bis 235 berechnen die drei Bit der Schrittnummern.
Die Zeile 240 und 242 dienen der Signalausgabe.

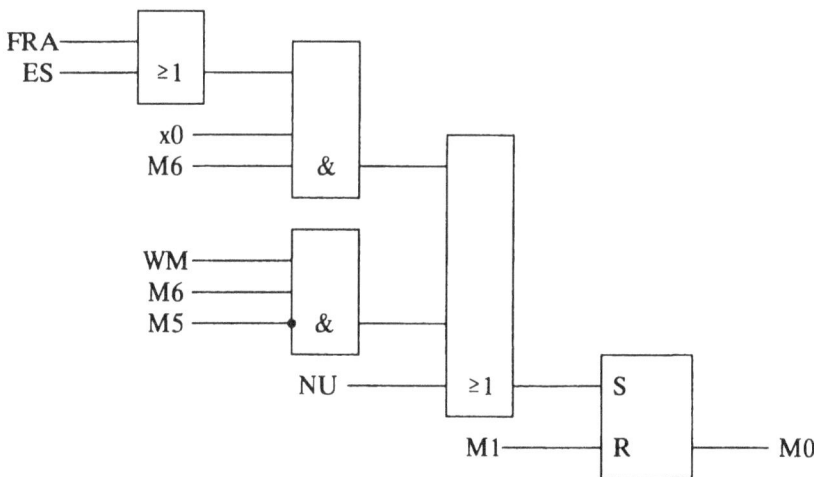

Bild 27a. Schrittlabel M0 der Schleifvorrichtung-Steuerung. Die Logik wird in
den Programmzeilen 65, 100 und 135 realisiert.

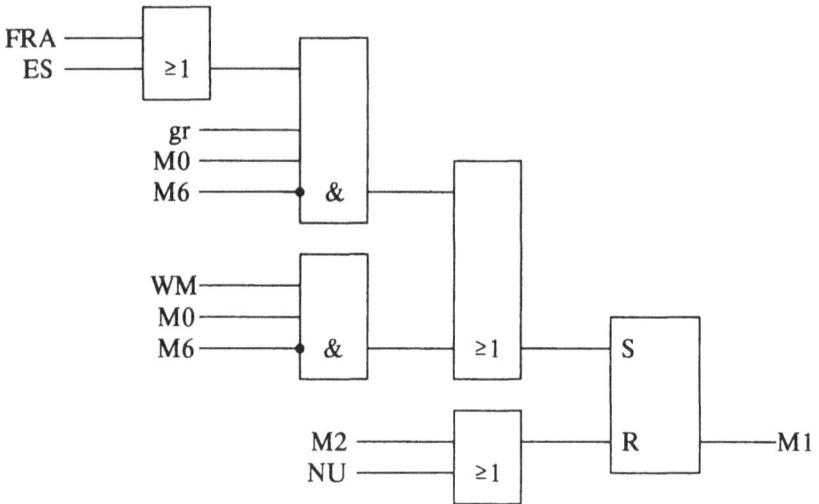

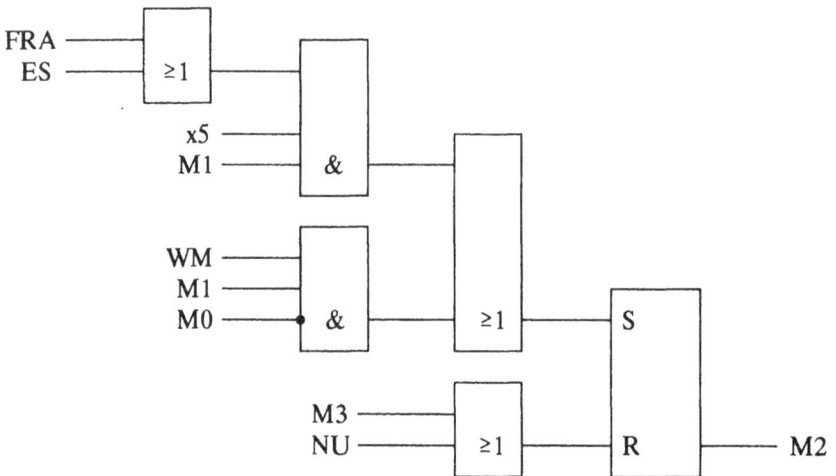

Bild 27b. Die Schrittlable M1 und M2 der Schleifvorrichtung-Steuerung.
          Obere Logik ist realisiert in den Programmzeilen 70, 105 und 140.
          Untere Logik ist realisiert in den Programmzeilen 75, 110 und 145.

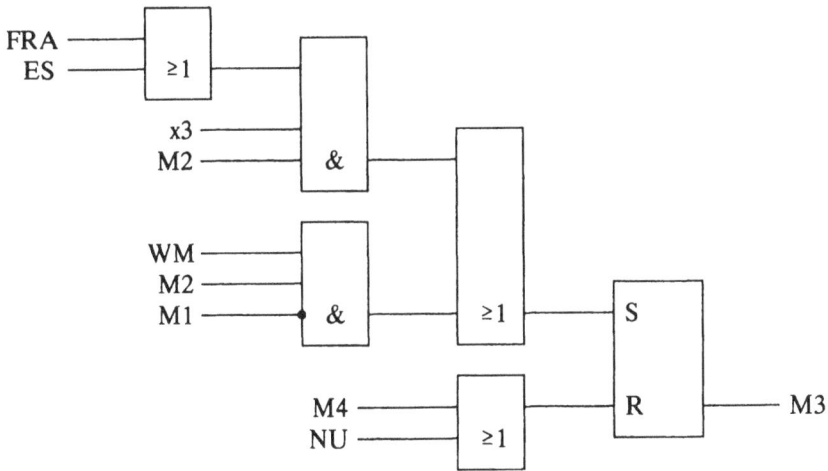

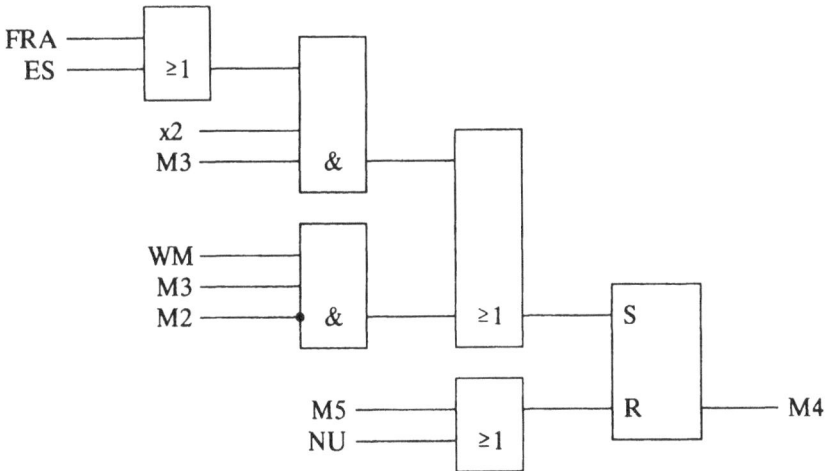

Bild 27c. Die Schrittlabel M3 und M4 der Schleifvorrichtung-Steuerung.
Obere Logik ist realisiert in den Programmzeilen 80, 115 und 150.
Untere Logik ist realisiert in den Programmzeilen 85, 120 und 155.

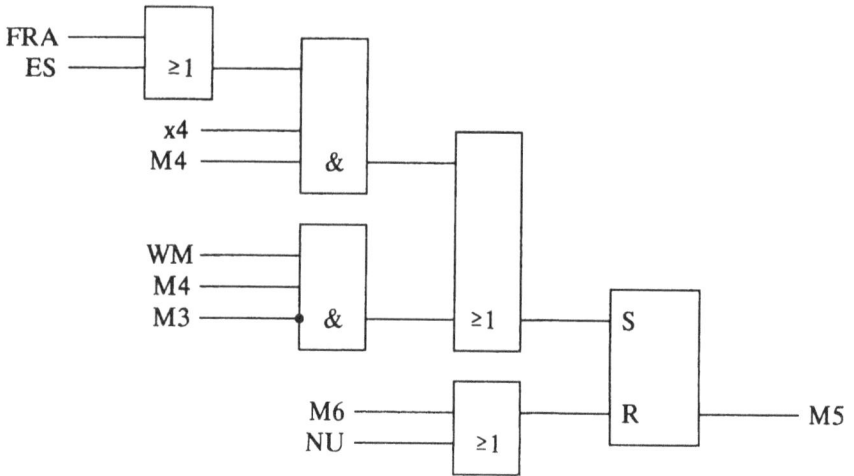

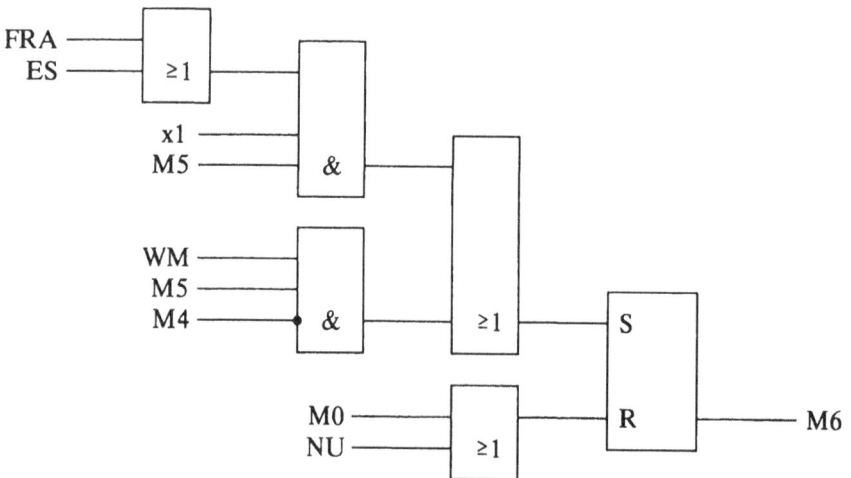

Bild 27d. Die Schrittlabel M5 und M6 der Schleifvorrichtung-Steuerung.
Obere Logik ist realisiert in den Programmzeilen 90, 125 und 160.
Untere Logik ist realisiert in den Programmzeilen 95, 130 und 165.

Programm für C, Pascal und Basic (Schleifvorrichtung)

15 INPUT AUT, WMT, EST, UET, BFT, x0, x1, x2, x3, x4, x5   Signaleingabe

20 UE=UET AND NOT UETALT : UETALT=UET

25 gr=x0 AND x2 AND x4

30 FRA=FRA OR (AUT AND gr AND M0 AND UE)

35 FRA=FRA AND NOT ((NOT AUT AND M0) OR NU)   Betriebs-

40 WM=WMT AND NOT (ES OR AUT OR FRA) AND UE   artenteil

45 ES=EST AND NOT (WM OR AUT OR FRA) AND UE

50 NU=WMT AND EST AND NOT AUT

---

65 M0=M0 OR (M6 AND NOT M5 AND WM) OR NU

70 M1=M1 OR (M0 AND NOT M6 AND WM)

75 M2=M2 OR (M1 AND NOT M0 AND WM)   Weiterschalten der

80 M3=M3 OR (M2 AND NOT M1 AND WM)   Schrittlabel von Hand

85 M4=M4 OR (M3 AND NOT M2 AND WM)   und Setzen M0 durch

90 M5=M5 OR (M4 AND NOT M3 AND WM)   NU

95 M6=M6 OR (M5 AND NOT M4 AND WM)

---

100 M0=M0 OR (M6 AND x0 AND (FRA OR ES))

105 M1=M1 OR (M0 AND NOT M6 AND gr AND (FRA OR ES))

110 M2=M2 OR (M1 AND x5 AND (FRA OR ES))

115 M3=M3 OR (M2 AND x3 AND (FRA OR ES))   Setzen der

120 M4=M4 OR (M3 AND x2 AND (FRA OR ES))   Schrittlabel

125 M5=M5 OR (M4 AND x4 AND (FRA OR ES))

130 M6=M6 OR (M5 AND x1 AND (FRA OR ES))

---

135 M0=M0 AND NOT M1

140 M1=M1 AND NOT (M2 OR NU)

145 M2=M2 AND NOT (M3 OR NU)

150 M3=M3 AND NOT (M4 OR NU)   Löschen der Schrittlabel

155 M4=M4 AND NOT (M5 OR NU)

160 M5=M5 AND NOT (M6 OR NU)

165 M6=M6 AND NOT (M0 OR NU)

---

170 y0=M5 AND NOT x1

175 y1=M6 AND NOT x0

180 y2=M2 AND NOT x3   Bilden der Stellgrößen

185 y3=M3 AND NOT x2

190 y4=M1 OR M2 OR M3

---

200 y0s=y0 AND (FRA OR BFT))

205 y1s=y1 AND (FRA OR BFT))

210 y2s=y2 AND (FRA OR BFT))   Freigeben der Stellgrößen

215 y3s=y3 AND (FRA OR BFT))

220 y4s=y4 AND (FRA OR BFT))

```
225 L0 = M0 OR M1 OR M3 OR M5
230 L1 = M0 OR M2 OR M3 OR M6          Bilden der Schrittnummern
235 L2 = M0 OR M4 OR M5 OR M6
240 PRINT y0;y1;y2;y3;y4;FRA;L2;L1;L0     Ausgabe an Bedienfeld Bild 22
242 REM Ausgeben von y0s bis y4s zur Steuerstrecke
245 GOTO 15
```

Austesten des Programmes. Bei den folgenden Tests wird die PRINT-Zeile 240 jeweils so geändert, daß der gewünschte Ausdruck entsteht. Außerdem sei empfohlen, die Eingabe statt mit der INPUT-Anweisung mit READ-DATA durchzuführen, was hier aus Platzgründen nicht geschieht.

Test Automatikbetrieb. Zunächst soll der Automatikbetrieb getestet werden. Dafür wird das Programm mit RUN gestartet. Der Rechner druckt dann die folgende Tabelle aus. Die Werte der linken elf Spalten der Tabelle sind mit INPUT eingegeben worden. Diese Werte sind so gewählt, daß der Automatikbetrieb simuliert wird und das Diagramm Bild 25 abgefahren wird. Man erkennt, daß das Programm die Stellgrößen y0 bis y4 richtig berechnet, und daß die Schritte in der richtigen Reihenfolge L2 L1 L0 = 0, 1, 2, 3, 4, 5, 6, 0 . . . enabled werden. Während des 4. Schrittes sind die Stellgrößen Null, weil während dieses Schrittes der Schieber 2 von seiner Feder bewegt wird, wofür keine Stellgröße erforderlich ist. Der Automatikbetrieb wird **in der Praxis** gestartet, indem zunächst die Schrittkette mit Hilfe der drei Bedienfeld-Signale AUT = 0, WMT = 1 und EST = 1 (die NU = 1 erzeugen) in die Nullstellung M0 = 1 gebracht wird. Die Steuerstrecke muß in der Grundstellung sein (gr = 1 bzw. x0 = 1, x2 = 1, x4 = 1). Der Start erfolgt jetzt, indem am Bedienfeld der Automatikschalter eingeschaltet wird (AUT = 1) und die Übernahmetaste betätigt wird (UET = 0/1/0). Diese Vorgänge werden in den ersten drei Zeilen der folgenden Tabelle simuliert (Siehe Erklärung des Automatikbetriebes auf S.46).

AUT	WMT	EST	UET	BFT	x0	x1	x2	x3	x4	x5	y0	y1	y2	y3	y4	L2	L1	L0
0	-1	-1	0	0	-1	0	-1	0	-1	0	0	0	0	0	0	-1	-1	-1
-1	0	0	0	0	-1	0	-1	0	-1	0	0	0	0	0	0	-1	-1	-1
-1	0	0	-1	0	-1	0	-1	0	-1	0	0	0	0	0	-1	0	0	-1
-1	0	0	0	0	-1	0	-1	0	0	-1	0	0	-1	0	-1	0	-1	0
-1	0	0	0	0	-1	0	0	-1	0	-1	0	0	0	-1	-1	0	-1	-1
-1	0	0	0	0	-1	0	-1	0	0	-1	0	0	0	0	0	-1	0	0
-1	0	0	0	0	-1	0	-1	0	-1	0	-1	0	0	0	0	-1	0	-1
-1	0	0	0	0	0	-1	-1	0	-1	0	0	-1	0	0	0	-1	-1	0
-1	0	0	0	0	-1	0	-1	0	-1	0	0	0	0	0	0	-1	-1	-1

Test der Betriebsart "Weiterschalten der Schrittlabel Mn von Hand". Um diesen Vorgang zu testen, werden zunächst in der Inputzeile 15 x0 bis x5 fortgelassen, weil sie bei dieser Betriebsart keine Rolle spielen und die Printzeile 240 wird für den folgenden Ausdruck geändert. Danach wird das Programm mit RUN gestartet. Es werden dann die Werte der folgenden Tabelle ausgedruckt, wobei die Werte der linken fünf Spalten mit INPUT eingegeben wurden. Sie sind so gewählt, daß sie dem jetzt zu simulierenden Vorgang entsprechen. In der ersten Tabellenzeile wird mit WMT = EST = 1 und AUT = 0 das Nullstellsignal NU = 1 gemacht, wodurch die Ablaufkette in die Nullstellung M0 = 1 geht. In der Praxis wird in der vorliegenden Betriebsart BFT = 0 gesetzt, damit die Stellgrößen nicht zur Steuerstrecke gelangen. Aus den Tabellenwerten erkennt man, daß die Schritte in der richtigen Reihenfolge L2 L1 L0 = 0, 1, 2, 3, 4, . . weitergeschaltet werden, wenn die Übernahmetaste betätigt wird, d.h. wenn sich UET von 0 auf 1 ändert.

AUT	WMT	EST	UET	BFT		L2	L1	L0	
0	-1	-1	0	0		-1	-1	-1	← Ablaufkette in Nullstellung bringen
0	-1	0	-1	0		0	0	-1	
0	-1	0	0	0		0	0	-1	
0	-1	0	-1	0		0	-1	0	
0	-1	0	0	0		0	-1	0	
0	-1	0	-1	0		0	-1	-1	
0	-1	0	0	0		0	-1	-1	
0	-1	0	-1	0		-1	0	0	
0	-1	0	0	0		-1	0	0	
0	-1	0	-1	0		-1	0	-1	
0	-1	0	0	0		-1	0	-1	
0	-1	0	-1	0		-1	-1	0	
0	-1	0	0	0		-1	-1	0	
0	-1	0	-1	0		-1	-1	-1	

Test der Betriebsart "Einzelschritt-Steuerung" (mit Erfüllung der Bedingungen). Schließlich soll auch noch der Einzelschritt-Betrieb erprobt werden. Wenn man das obige Programm mit RUN startet und dabei mit INPUT die Werte der linken elf Spalten der folgenden Tabelle eingibt, werden von dem Programm die restlichen Tabellenwerte berechnet und alle Werte werden ausgedruckt. Die Printzeile 240 wurde zuvor entsprechend der Tabelle geändert. Die mit INPUT eingegebenen Werte AUT bis x5 sind so gewählt, daß die Einzelschrittsteuerung simuliert wird. Mit den Werten AUT=0, WMT=1 und EST=1 der ersten Tabellenzeile wird das Nullstellsignal NU=1 gemacht und die Ablaufkette in die Nullstellung M0=1 gebracht. Wie man erkennt, schreiten die Schrittnummern L2 L1 L0 (Dualzahlen) in der richtigen Reihenfolge 0, 1, 2, 3, 4, 5, 6, 0, . . . fort, wenn die Übernahme-Taste betätigt wird. Auch die Stellgrößen y0 bis y4 werden vom Programm richtig berechnet, d.h. es entstehen Stellgrößenwerte, die die Schleifvorrichtung entsprechend den x-Werten bewegen.

AUT	WMT	EST	UET	BFT		x0	x1	x2	x3	x4	x5		y0	y1	y2	y3	y4		L2	L1	L0
0	-1	-1	0	-1		-1	0	-1	0	-1	0		0	0	0	0	0		-1	-1	-1
0	0	-1	0	-1		-1	0	-1	0	-1	0		0	0	0	0	0		-1	-1	-1
0	0	-1	-1	-1		-1	0	-1	0	-1	0		0	0	0	0	-1		0	0	-1
0	0	-1	0	-1		-1	0	-1	0	-1	0		0	0	0	0	-1		0	0	-1
0	0	-1	0	-1		-1	0	-1	0	0	-1		0	0	0	0	-1		0	0	-1
0	0	-1	0	-1		-1	0	-1	0	0	-1		0	0	-1	0	-1		0	-1	0
0	0	-1	-1	-1		-1	0	-1	0	0	-1		0	0	-1	0	-1		0	-1	0
0	0	-1	0	-1		-1	0	0	-1	0	-1		0	0	0	0	-1		0	-1	0
0	0	-1	0	-1		-1	0	0	-1	0	-1		0	0	0	-1	-1		0	-1	-1
0	0	-1	-1	-1		-1	0	0	-1	0	-1		0	0	0	-1	-1		0	-1	-1
0	0	-1	0	-1		-1	0	-1	0	0	-1		0	0	0	0	-1		0	-1	-1
0	0	-1	-1	-1		-1	0	-1	0	0	-1		0	0	0	0	0		-1	0	0
0	0	-1	0	-1		-1	0	-1	0	-1	0		0	0	0	0	0		-1	0	0
0	0	-1	-1	-1		-1	0	-1	0	-1	0		-1	0	0	0	0		-1	0	-1
0	0	-1	0	-1		-1	0	-1	0	-1	0		-1	0	0	0	0		-1	0	-1
0	0	-1	0	-1		0	-1	-1	0	-1	0		0	0	0	0	0		-1	0	-1
0	0	-1	-1	-1		0	-1	-1	0	-1	0		0	-1	0	0	0		-1	-1	0
0	0	-1	0	-1		0	-1	-1	0	-1	0		0	-1	0	0	0		-1	-1	0
0	0	-1	0	-1		-1	0	-1	0	-1	0		0	0	0	0	0		-1	-1	0
0	0	-1	-1	-1		-1	0	-1	0	-1	0		0	0	0	0	0		-1	-1	-1

3.4 Ablaufsteuerung mit integrierter Regelung

Zunächst werden einige Begriffe aus der Regelungstechnik benötigt. Während sich die *Steuerung* in einem offenen Wirkungsablauf vollzieht, der *Steuerkette*, vollzieht sich die *Regelung* definitionsgemäß in einem geschlossenen Wirkungsablauf, dem *Regelkreis*. Die Größe, die in vorgegebener Weise beeinflußt werden soll (meist konstant gehalten werden soll), heißt *Regelgröße*. *Istwert x* ist der Wert, den die Regelgröße in jedem Augenblick tatsächlich hat, und *Führungsgröße w* ist der Wert bzw. der vorgegebene Verlauf, den die Regelgröße aufgabengemäß haben soll. Der Unterschied zwischen x und w ist die *Regeldifferenz* (Regelfehler) e , $e = w - x$. Bei der digitalen Regelung wird dem regelnden Rechner die Regelgröße x über einen *Analog/digital-Wandler* zugeführt. Der Rechner bildet dann die Regeldifferenz $e = w - x$ und berechnet nach dem einprogrammierten *Regelalgorithmus* die *Stellgröße y*, die die *Regelstrecke* (zu regelnde Anlage) derart beeinflußt, daß sich x dem vorgegebenen w möglichst genau angleicht. *Störgröße z* ist jede von außen auf die Regelung einwirkende Größe, die den Regelvorgang beeinträchtigt. Bei der Temperaturregelung eines Raumes ist x die augenblickliche Raumtemperatur, w ist die vorgegebene Temperatur, die der Raum haben soll, Stellgröße y ist der augenblickliche Öffnungshub des *Stellgliedes* Heizkörperventil und Störgröße z ist der Öffnungswinkel der Zimmertür. Die am meisten verwendeten Regelalgorithmen (Programm-Anweisungen, nach denen der regelnde Rechner y aus e berechnet) sind neben dem einfachen P-Regelalgorithmus $y_k = K_P \cdot e_k$, siehe z. B. [6]:

1. *PI-Regelalgorithmus*

$$y_k = y_{k-1} + K_P(e_k - e_{k-1} + \frac{T}{T_N} e_{k-1}) ,$$

2. *PID-Regelalgorithmus*

$$y_k = y_{k-1} + K_P(e_k - e_{k-1} + \frac{T}{T_N} e_{k-1} + \frac{T_V}{T} (e_k - 2e_{k-1} + e_{k-2})) ,$$

3. *Zwei-Punkt-Regelalgorithmus*

$y_k = 1$ wenn $x_k < w_k$ ist und $y_k = 0$ wenn $x_k \geq w_k$ ist .

Hierin sind K_P die *Verstärkung*, T_N die *Nachstellzeit*, T_V die *Vorhaltzeit* und T die *Tastperiode*, d.i. die Zeit, die der Rechner zum einmaligen Abarbeiten seines ganzen Programmes benötigt. Die Regelparameter K_P, T_N und T_V sind frei wählbar. Man wählt sie so, daß sich ein günstiges Regelverhalten ergibt. Zu den Indizes k, k-1 und k-2 ist folgendes zu sagen: x_k, y_k und e_k sind die Werte, die x, y und e in dem Zeitpunkt $t = k \cdot T$ haben, d.h. beim k-ten Programmdurchlauf haben. x_{k-1}, y_{k-1} und e_{k-1} sind die Werte, die x, y und e während des vorhergehenden (k-1-ten) Programmdurchlaufes hatten. Eine entsprechende Bedeutung hat e_{k-2}. Der 2-Punkt Regelalgorithmus heißt so, weil bei ihm die Stellgröße nur zwei Werte annehmen kann. Bei der 2-Punkt-Zimmertemperatur-Regelung ist das Heizventil ganz offen, wenn die Isttemperatur x_k kleiner als die Solltemperatur w_k ist. Das Heizventil ist geschlossen, wenn die Isttemperatur x_k gleich oder höher als die Solltemperatur w_k ist.

3.4.1 Ablaufsteuerung mit integrierter Zweipunkt-Regelung

Beispiel. Steuern eines Reaktorkessels mit Temperaturregelung

Funktion der Steuerung: In Bild 28 ist die Steuerung dargestellt. Zunächst sollen zwei Flüssigkeiten a und b in einem vorgegebenen Verhältnis gemischt werden. Dann soll das Gemisch auf eine vorgegebene Temperatur aufgeheizt werden und bei konstanter Temperatur während einer vorgegebenen Reaktionszeit reagieren. Zum Schluß soll der Kessel wieder entleert werden. Das vorgegebene Mischungsverhältnis wird dadurch erreicht, daß der Kessel zunächst mit der Flüssigkeit b bis zum mittleren Initiator gefüllt wird, und danach die Flüssigkeit a bis zum oberen Initiator eingelassen wird.

Initiatorsignale und Stellgrößen. Die Initiatorsignale $x1$ bzw. $x2$ sind 1, wenn der jeweilige Initiator in die Flüssigkeit eintaucht. Das Signal $x0$ ist 1, wenn der Reaktorkessel leer ist. Der Temperatur-Grenzwertgeber gibt das Signal $tg = 1$ ab, wenn die Temperatur t der Flüssigkeit einen vorgegebenen Grenzwert (Sollwert) t_{soll} erreicht oder überschreitet. Wenn der Rechner im Eingriff ist, sind $y1s = y1$, $y2s = y2$, $y3s = y3$ und $y4s = y4$, wobei $y1$, $y2$, $y3$ und $y4$ die vom Steuerprogramm errechneten Signalwerte sind (siehe S.46). Es wird verabredet: Die vier Magnetventile öffnen wenn $y1$, $y2$, $y3$, $y4$ Eins sind. Geheizt wird also, wenn $y3 = 1$ ist. Das Rührwerk läuft, wenn $y5 = 1$ ist. Vorgesehen ist eine Zweipunkt-Temperaturregelung, d.h. es muß $y3 = 1$ sein, wenn $t < t_{soll}$ bzw. $tg = 0$ ist. Es muß $y3 = 0$ sein, wenn $t \geq t_{soll}$ bzw. $tg = 1$ ist. Die Anlage ist in der Grundstellung, wenn der Behälter leer ist und alle Stellgrößen Null sind. Dies ist der Fall, wenn das Grundstellungssignal $gr = x0$ AND NOT ($y1$ OR $y2$ OR $y3$ OR $y4$ OR $y5$) den Wert 1 hat. Ein Steuerzyklus soll nur beginnen können (d.h. M1 darf nur 1 werden können), wenn die Anlage in der Grundstellung ist.

Die Ablaufkette. Aus der beschriebenen Funktion der Anlage ergibt sich das Diagramm Bild 29. Man erhält in diesem Beispiel 6 Schritte bzw. die sechs Schrittlabel M0 bis M5, die in Bild 29 eingetragen sind. Der Schritt M0 ist ein Leerschritt, d.h. solange M0 = 1 ist, verharrt die Steuerstrecke in der Grundstellung. Aus Bild 29 liest man ab für das Setzen der Schritte und für die Stellgrößen (siehe auch Funktionsplan Bild 30):

Schritt 1 (M1 = 1). Der Schritt 1 wird gesetzt von M0, $\overline{M5}$ (Regel Seite 54) und der Bedingung $gr = 1$. Während der Dauer von Schritt 1 wird der Kessel mit der Flüssigkeit b befüllt. Daher ist $y1 = M1$.

Schritt 2 (M2 = 1). Schritt 2 wird von M1 und der Bedingung $x1 = 1$ gesetzt. Der Kessel wird mit der Flüssigkeit a befüllt. Gleichzeitig arbeitet das Rührwerk. Daher ist $y2 = y5 = M2$.

Schritt 3 (M3 = 1). Der Schritt 3 wird von M2 und der Bedingung $x2 = 1$ gesetzt. Die Flüssigkeit wird erwärmt und das Rührwerk arbeitet. Es ist also $y3 = y5 = M3$.

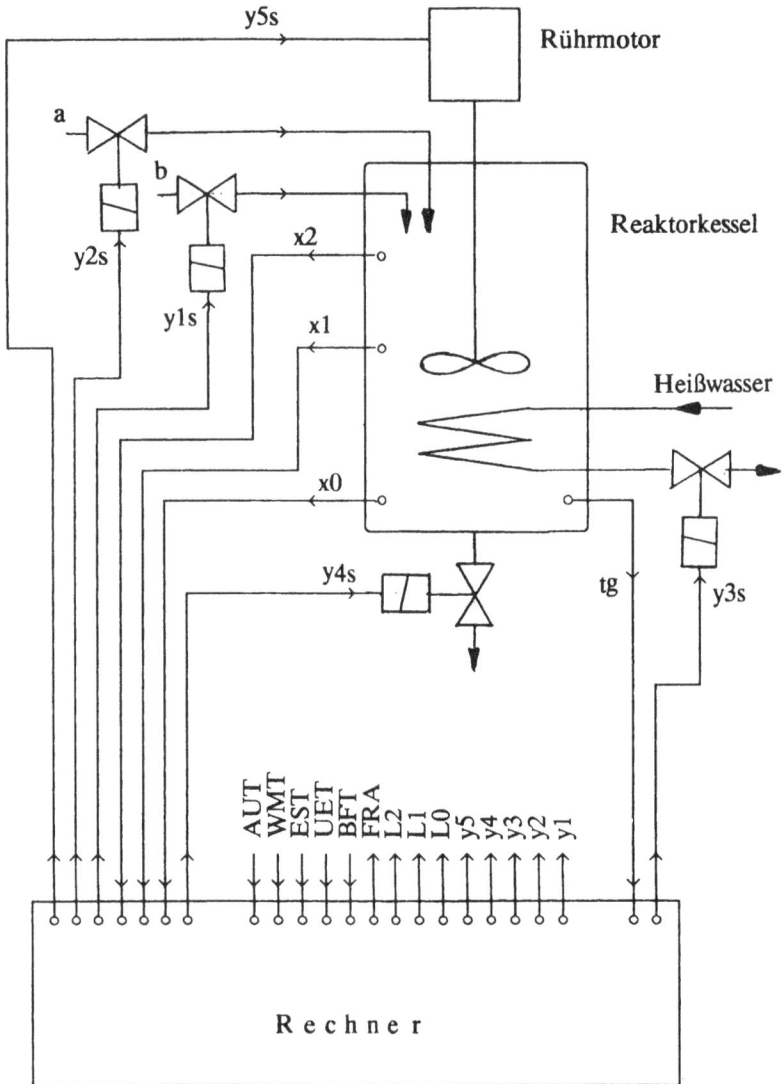

Bild 28. Steuerung eines Reaktorkessels mit Zwei-Punkt-Temperaturregelung.
Alle Signale sind binär. Verwendet wird das Bedienfeld Bild 32. Die
Signale AUT, WMT, EST, UET und BFT kommen vom Bedienfeld
und FRA, L2, L1, L0, y5, y4, y3, y2, y1 gehen an die Anzeigen des
Bedienfeldes.

Schritt 4 (M4 = 1). Schritt 4 wird von M3 und der Bedingung tg = 1 gesetzt. Die Temperatur der Flüssigkeit wird während der Dauer von Schritt 4 konstant gehalten, d.h. das Heizventil wird geöffnet, wenn M4 = 1 und tg = 0 sind. Es gilt also y3 = M4 AND NOT tg. Während der Dauer von Schritt 4 ist das Rührwerk in Betrieb, so daß y5 = M4 ist.

Schritt 5 (M5 = 1). Schritt 5 wird gesetzt von M4 und der Bedingung, daß die Heizzeit von 30 Minuten abgelaufen ist. Die Flüssigkeit wird abgelassen mit der Stellgröße y4 = M5.

Schritt 0 (M0 = 1). Schritt 0 wird von M5 und der Bedingung x0 = 1 gesetzt.

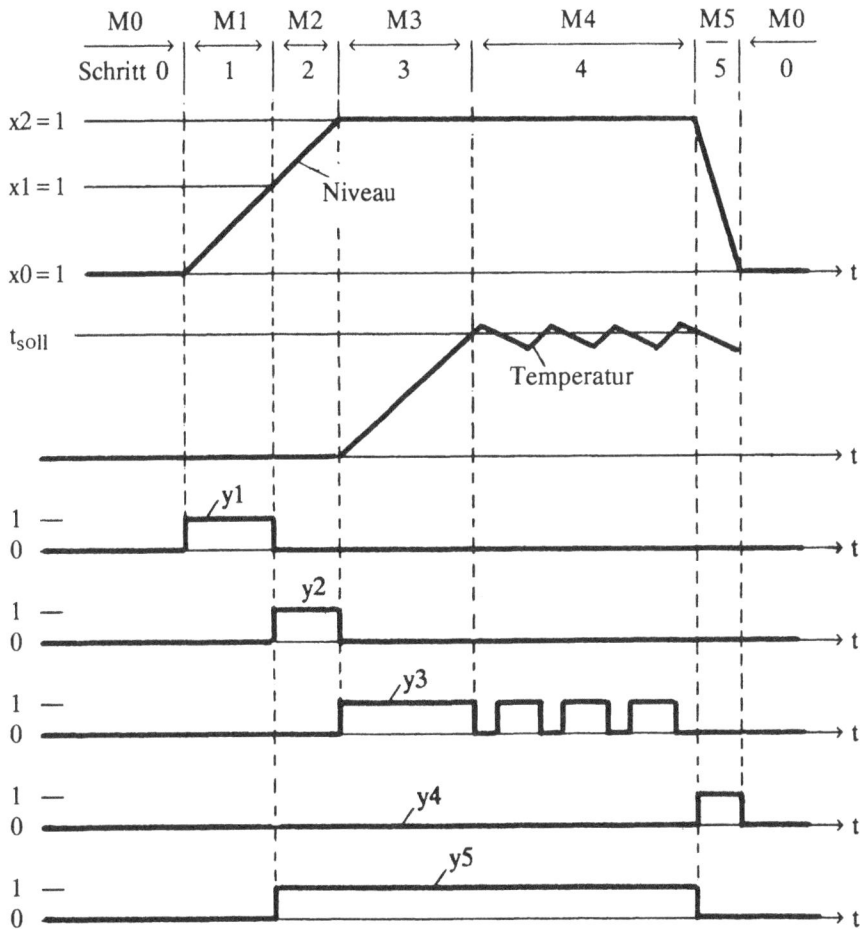

Bild 29. Steuerung des Reaktorkessels, Diagramm der Signale.

Anmerkung: Damit im Einzelschrittbetrieb die Initiatoren, die x1 , x2 und tg abgeben, nicht überfahren werden, sind die oben angeführten Formeln y1 = M1, y2 = M2, y3 = M3 abgeändert worden in y1 = M1 AND NOT x1 , y2 = M2 AND NOT x2 , $\underline{y3}$ = M3 AND NOT tg , wie in Bild 30 durch die zusätzlichen Bedingungen $\overline{x1}$, $\overline{x2}$, $\overline{tg}$ dargestellt ist. (Realisierung in den Programmzeilen 66, 68 und 70).

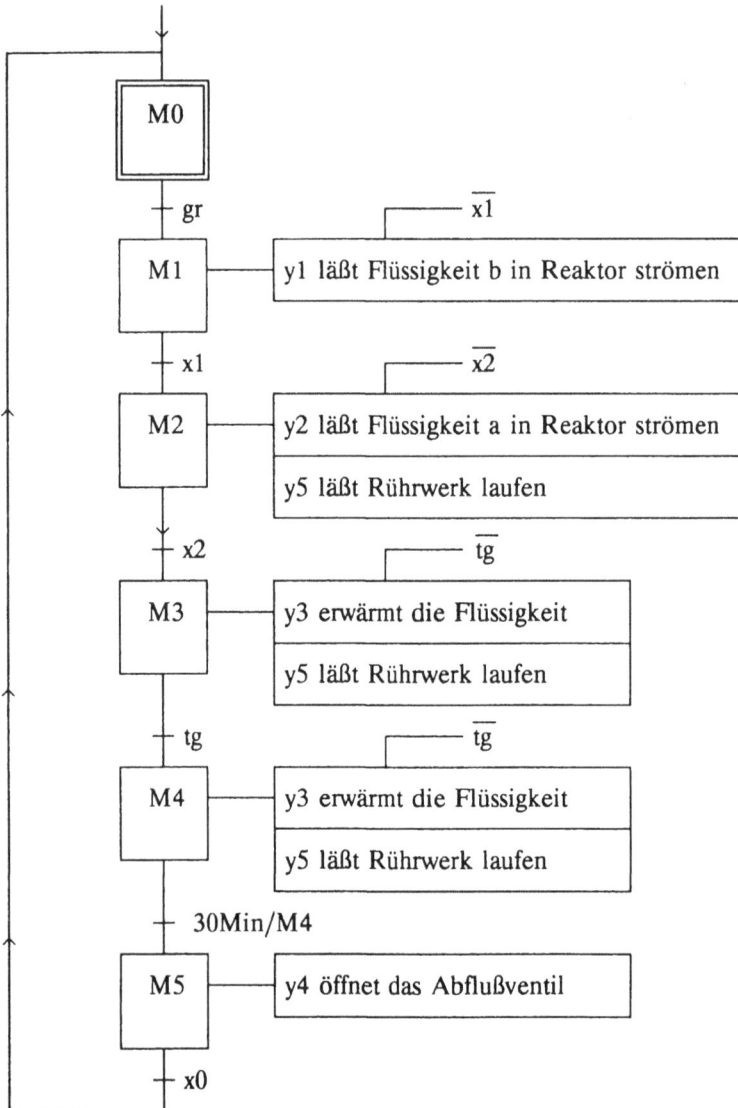

Bild 30. Ablaufkette der Reaktorsteuerung mit 2-Punkt-Regelung. Die Beschriftung 30Min/M4 bedeutet: Durch Auslösen des Überganges wird der gesetzte Zustand von Schritt 4 auf 30 Minuten begrenzt.

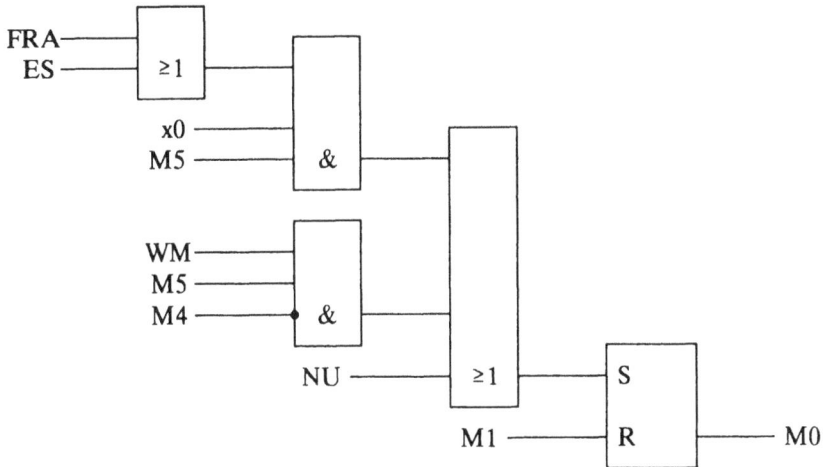

Bild 31a. Schrittlabel M0 der Reaktorsteuerung. Realisierung in den Programmzeilen 26, 38 und 54.

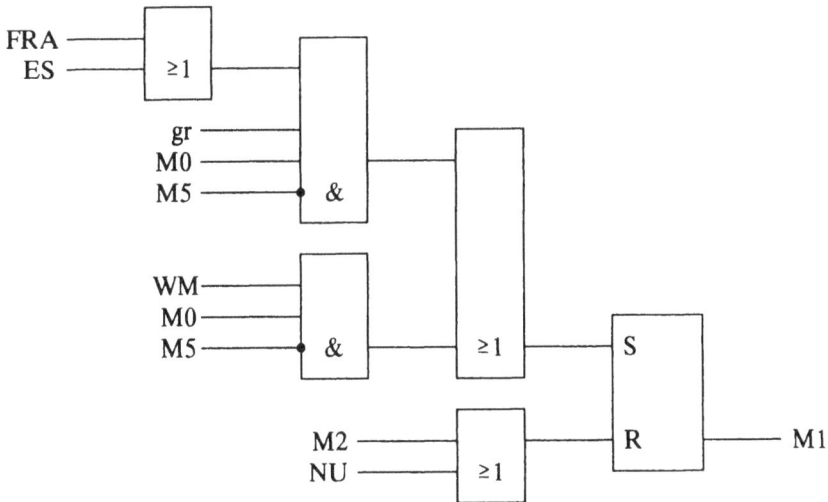

Bild 31b. Schrittlabel M1 der Reaktorsteuerung. Realisierung in den Programmzeilen 28, 40 und 56.

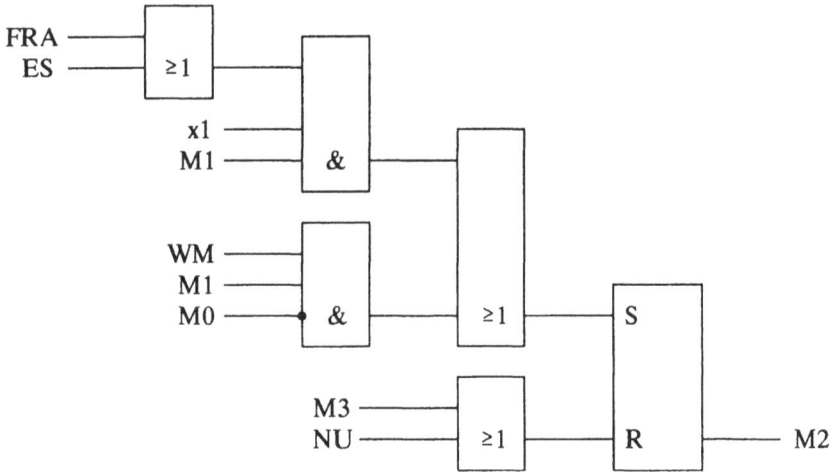

Bild 31c. Schrittlabel M2 der Reaktorsteuerung. Realisierung in den Programmzeilen 30, 42 und 58.

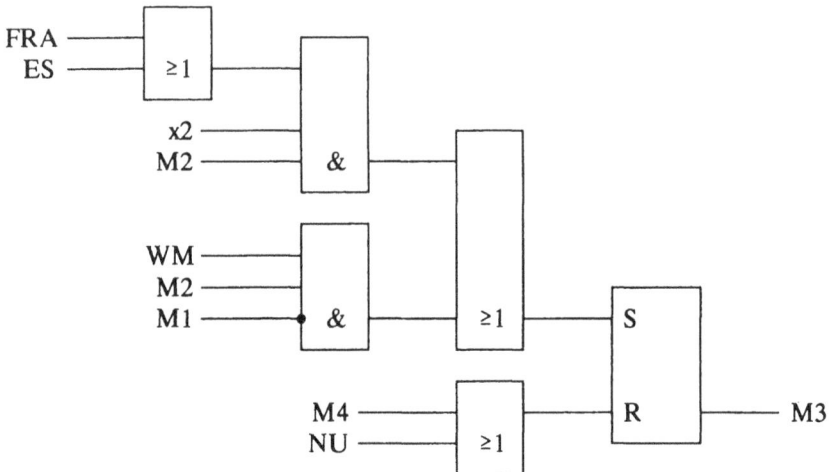

Bild 31d. Schrittlabel M3 der Reaktorsteuerung. Realisierung in den Programmzeilen 32, 44 und 60.

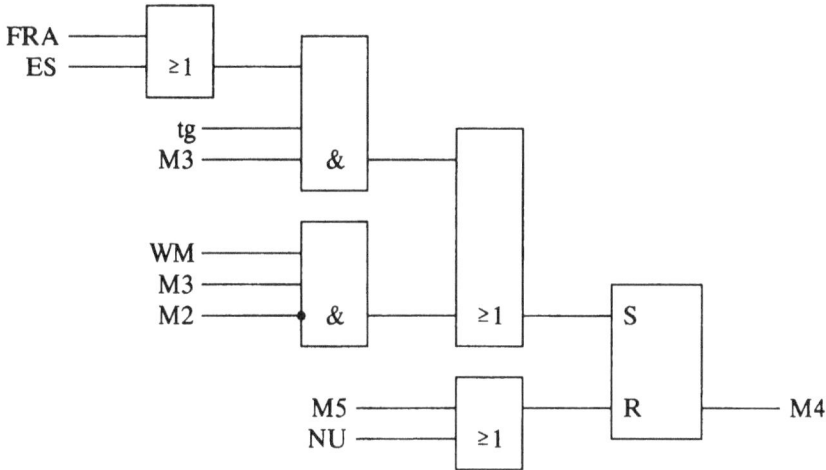

Bild 31e. Schrittlabel M4 der Reaktorsteuerung. Realisierung in den Programmzeilen 34, 46 und 62.

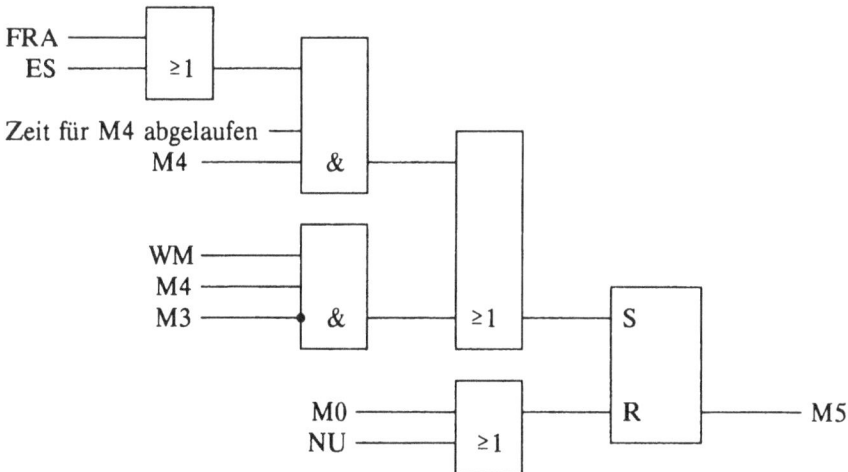

Bild 31f. Schrittlabel M5 der Reaktorsteuerung. Realisierung in den Programmzeilen 36, 48 bis 52 und 64.

Aus den bisherigen Ergebnissen und insbesondere aus dem Funktionsplan Bild 30 gewinnt man nun den Funktionsteil Zeilen 38 bis 74 des nachfolgenden Programmes. Die 2-Punkt-Regelung besteht darin, daß während Schritt 4 nur geheizt wird, wenn tg = 0 ist. Daher gilt (siehe auch Diagramm S. 65) y3 = (M3 AND NOT tg) OR (M4 AND NOT tg). Die Stellgröße y5 ist Eins während der Schritte 2, 3 und 4, so daß zusammenfassend y5 = M2 OR M3 OR M4 gilt. Der Betriebsartenteil des Programmes und das Bedienfeld sind von Abschnitt 3.2 bzw. vom vorhergehenden Beispiel der Schleifvorrichtung übernommen. Die unteren fünf Lampen des Bedienfeldes Bild 32 zeigen die Stellgrößen an und werden mit den Signalen y1 bis y5 angesteuert. Damit ergibt sich das folgende Komplett-Programm. In dem Programm bewirken die Zeilen 16, 48, 50 und 52, daß 1800 Sekunden lang M4 = 1 ist (Siehe hierzu die Erläuterungen von Seite 28 zur Uhrzeit-Verarbeitung). Dadurch entsteht eine Heizzeit von etwa 1800/60 = 30 Minuten. Wenn M4 AND (FRA OR ES) = logisch 1 ist, bekommt die Hilfsgröße A in Zeile 48 den Wert A = -1 und SS erhöht sich aufgrund der Zeile 50 nach jeder Sekunde um 1. Wenn SS = 1800 ist, wird M5 in Zeile 52 gesetzt (M5 = -1) und damit M4 in Zeile 62 gelöscht.

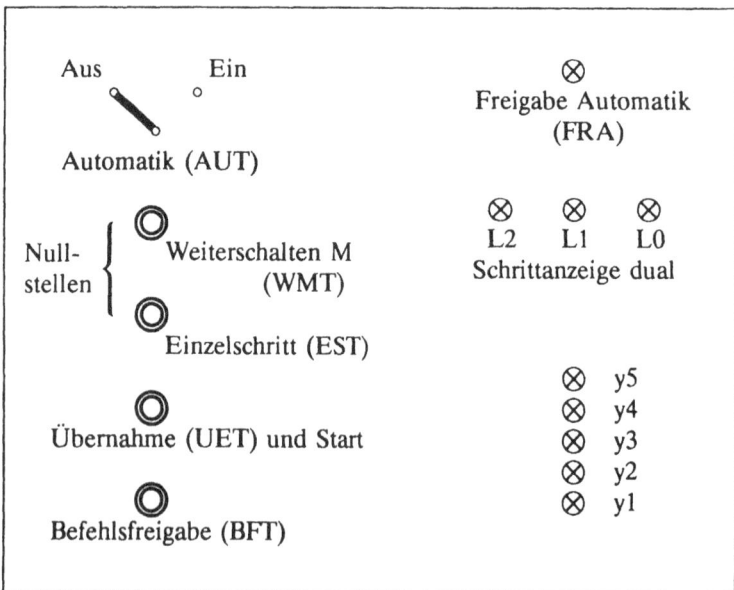

Bild 32. Bedienfeld für die Reaktorsteuerung, bestehend aus dem Schalter für
         Automatik EIN/AUS, vier Tastern für WMT, EST, UET und BFT
         sowie vier Lampen für FRA und die duale Schrittanzeige und weiteren fünf Lampen zur Anzeige der Stellgrößen y1 bis y5.

Programm für C, Pascal und Basic (Reaktorsteuerung mit Temperaturregel.)

```
2 y1 = 0 : y2 = 0 : y3 = 0 : y4 = 0 : y5 = 0          Stellgrößen bei Programmstart
4 READ AUT, WMT, EST, UET, BFT, x0, x1, x2, tg          Signaleingabe
14 UE = UET AND NOT UETALT : UETALT = UET
15 gr = x0 AND NOT (y1 OR y2 OR y3 OR y4 OR y5)
16 S = VAL(MID$(TIME$,7,2))
18 FRA = FRA OR (AUT AND gr AND M0 AND UE)              Betriebs-
20 FRA = FRA AND NOT ((NOT AUT AND M0) OR NU)           artenteil
22 WM = WMT AND NOT (ES OR AUT OR FRA) AND UE
24 ES = EST AND NOT (WM OR AUT OR FRA) AND UE
25 NU = WMT AND EST AND NOT AUT
```

```
26 M0 = M0 OR (M5 AND NOT M4 AND WM) OR NU
28 M1 = M1 OR (M0 AND NOT M5 AND WM)                    Weiterschalten der
30 M2 = M2 OR (M1 AND NOT M0 AND WM)                    Schrittlabel Mn von
32 M3 = M3 OR (M2 AND NOT M1 AND WM)                    Hand,
34 M4 = M4 OR (M3 AND NOT M2 AND WM)                    M0 mit NU setzen
36 M5 = M5 OR (M4 AND NOT M3 AND WM)
38 M0 = M0 OR (M5 AND x0 AND (FRA OR ES))
40 M1 = M1 OR (M0 AND NOT M5 AND gr AND (FRA OR ES))
42 M2 = M2 OR (M1 AND x1 AND (FRA OR ES))
44 M3 = M3 OR (M2 AND x2 AND (FRA OR ES))              Setzen der
46 M4 = M4 OR (M3 AND tg AND (FRA OR ES))              Schrittlabel
48 A = A OR (M4 AND (FRA OR ES))
50 IF ABS (SALT-S) > 0.8 THEN SS = SS - A              ⌈IF-Bedingung
52 SALT = S: IF (SS = 1800 OR NU) THEN M5 = -1: SS = 0: A = 0  ⎱wirkt bis
                                                       ⌊Zeilenende
54 M0 = M0 AND NOT M1
56 M1 = M1 AND NOT (M2 OR NU)
58 M2 = M2 AND NOT (M3 OR NU)                          Löschen der
60 M3 = M3 AND NOT (M4 OR NU)                          Schrittlabel
62 M4 = M4 AND NOT (M5 OR NU)
64 M5 = M5 AND NOT (M0 OR NU)
66 y1 = M1 AND NOT x1
68 y2 = M2 AND NOT x2
70 y3 = (M3 AND NOT tg) OR (M4 AND NOT tg)             Berechnen der
72 y4 = M5                                             Stellgrößen
74 y5 = M2 OR M3 OR M4
76 y1s = y1 AND (FRA OR BFT)
78 y2s = y2 AND (FRA OR BFT)
80 y3s = y3 AND (FRA OR BFT)                           Freigeben der
82 y4s = y4 AND (FRA OR BFT)                           Stellgrößen
84 y5s = y5 AND (FRA OR BFT)
86 L0 = M0 OR M1 OR M3 OR M5
88 L1 = M0 OR M2 OR M3                                 Berechnen der Schrittnummer
90 L2 = M0 OR M4 OR M5
```

92 PRINT y1;y2;y3;y4;y5;FRA;L2;L1;L0   Signalausgabe an Bedienfeld
94 REM Ausgeben y1s, y2s, y3s, y4s an Steuerstrecke
96 GOTO 4

115 REM	AUT	WMT	EST	UET	BFT	x0	x1	x2	tg
120 DATA	0,	-1,	-1,	0,	0,	-1,	0,	0,	0
125 DATA	-1,	0,	0,	0,	0,	-1,	0,	0,	0
130 DATA	-1,	0,	0,	-1,	0,	-1,	0,	0,	0
135 DATA	-1,	0,	0,	0,	0,	0,	-1,	0,	0
140 DATA	-1,	0,	0,	0,	0,	0,	0,	-1,	0
145 DATA	-1,	0,	0,	0,	0,	0,	0,	-1,	0
150 DATA	-1,	0,	0,	0,	0,	0,	0,	-1,	-1
155 DATA	-1,	0,	0,	0,	0,	0,	0,	-1,	0
160 DATA	-1,	0,	0,	0,	0,	0,	-1,	0,	0
165 DATA	-1,	0,	0,	0,	0,	-1,	0,	0,	0
170 DATA	-1,	0,	0,	0,	0,	-1,	0,	0,	0

Austesten des Programmes. Daß der Betriebsartenteil des Programmes richtig arbeitet, wurde durch das vorhergehende Beispiel der Schleifvorrichtungs-Steuerung nachgewiesen. Es braucht daher nur der Funktionsteil des Programmes geprüft zu werden, was jetzt im **Automatik-Betrieb** geschehen soll. Um den Test durchführen zu können, ohne daß ein Rechner mit elektrischen Ein- und Ausgängen zur Verfügung steht, wurden die DATA-Werte Zeilen 120 bis 170 gewählt und mit READ in den Rechner eingelesen. Die DATA-Werte AUT=0, WMT=(logisch) 1 und EST=1 der Zeile 120 machen NU=1, wodurch M0=1 wird. M0=1, gr=1 und die Werte AUT=1 und UET=1 der Zeile 130 machen FRA=1 und der Automatikbetrieb startet. Zum besseren Verständnis sei auf den Abschnitt "Betriebsartenteil einer industriellen Steuerung" rückverwiesen, insbesondere auf Bild 23c. Die DATA-Werte simulieren einen Steuerzyklus. Für die Simulation wird die Heizzeit in 12 Sekunden geändert, und außerdem werden noch die beiden Zeilen
91 IF (M4=-1 AND NN=1) GOTO 14
93 IF M4=-1 THEN NN=1
in das Programm eingefügt (NN ist eine Hilfsgröße). Sie sorgen dafür, daß während der Heizzeit von 12 Sekunden nur genau eine DATA-Zeile eingelesen wird und der Printvorgang während der Heizzeit unterbrochen wird. Außerdem wurde für den Test die PRINT-Zeile 92 so geändert, daß nach dem Starten des Programmes die folgende Tabelle ausgedruckt wird. Man erkennt an den Tabellenwerten, daß die Stellgrößen y1 bis y5 von dem Programm richtig berechnet werden.

x0	x1	x2	tg	y1	y2	y3	y4	y5	L2	L1	L0
-1	0	0	0	0	0	0	0	0	-1	-1	-1
-1	0	0	0	0	0	0	0	0	-1	-1	-1
-1	0	0	0	-1	0	0	0	0	0	0	-1
0	-1	0	0	0	-1	0	0	-1	0	-1	0
0	0	-1	0	0	0	-1	0	-1	0	-1	-1
0	0	-1	0	0	0	-1	0	-1	0	-1	-1
0	0	-1	-1	0	0	0	0	-1	-1	0	0
0	0	-1	0	0	0	0	-1	0	-1	0	-1
0	-1	0	0	0	0	0	-1	0	-1	0	-1
-1	0	0	0	0	0	0	0	0	-1	-1	-1
-1	0	0	0	-1	0	0	0	0	0	0	-1

3.4.2 Ablaufsteuerung mit integrierter PI-Regelung

Wenn die Temperatur mit dem PI-Regelagorithmus (siehe oben) statt mit dem 2-Punkt Regelalgorithmus geregelt werden soll, muß die Temperatur x_k möglichst kontinuierlich gemessen werden, und das Heizwasser-Ventil muß zwischen "ganz zu" und "ganz offen" beliebige Zwischenstellungen annehmen können. Daher sind jetzt ein A/D-Wandler und ein D/A-Wandler erforderlich, über die die Signale x_k und $y3_k$ in den Rechner ein- bzw. austreten. $y3_k$ sei die auf das Heizwasser-Ventil einwirkende analoge Stellgröße. Die Befehls-Freigabe von $y3_k$ ist jetzt für Analogsignal einzurichten und Programmzeile 70 ist durch die folgenden Zeilen 69 und 70 zu ersetzen. Auf alle Einzelheiten kann hier nicht eingegangen werden und es sei auf [6] verwiesen. Die beiden Anweisungen Zeilen 69 und 70 bewirken, daß die Temperatur x_k auf die Solltemperatur w_k geregelt wird, wenn M3 oder M4 gesetzt ist. Es wird nicht geheizt, wenn M3 = M4 = 0 ist. (Bezeichnungen für das Programm: K_P = KP; T_N = TN; x_k = xk; w_k = wk; $y3_k$ = y3k; e_k = ek; e_{k-1} = ej; $y3_{k-1}$ = y3j).

69 ek = wk - xk : IF (M3 OR M4) THEN y3k = y3j + KP*(ek - ej + T*ej/TN)
70 ej = ek : y3j = y3k : IF (M3 OR M4) = 0 THEN y3k = 0

3.5 Ablaufkette mit Ablauf-Verzweigung und Zusammenführung

Beispiel. Steuerung des Befüllens von drei Behältern.

Funktion der Steuerung. Aus den drei in Bild 33 dargestellten Behältern wird unregelmäßig Flüssigkeit mit drei Handventilen entnommen. Wenn in einem Behälter die Flüssigkeit bis an den unteren Initiator gesunken ist, soll der Behälter wieder aufgefüllt werden bis an den oberen Initiator. Zur Zeit soll immer nur ein Behälter befüllt werden. Das Befüllen soll in derselben Reihenfolge geschehen, in der die Behälter leer geworden sind. Die Lösung soll ohne die "Vorranglogik für drei Signale" von S.17 auskommen. (Eine Lösung für die Siemens-SPS in der Programmiersprache STEP5 findet sich bei [3].)

Initiatoren und Stellgrößen. Die oberen Initiatoren in Bild 33 geben 1-Signal ab, wenn die Behälter voll sind. Die drei unteren Initiatoren geben 1-Signal ab, wenn die Behälter leer sind. Die Zuflußventile öffnen, wenn y1 bzw. y2 bzw. y3 logisch 1 ist.

Die Ablaufkette. In diesem Beispiel ergibt sich die Ablaufkette Bild 34 mit Ablauf-Verzweigungen und Ablauf-Zusammenführungen. Beim Anfangsschritt M0 sind alle drei Behälter gefüllt. Jetzt gibt es drei Möglichkeiten je nachdem, welcher der drei Behälter als erster leer ist. Wenn der erste Behälter zuerst leer ist ($l1 = 1$), kommt man zum Schritt 1. Wenn der zweite Behälter als erster leer

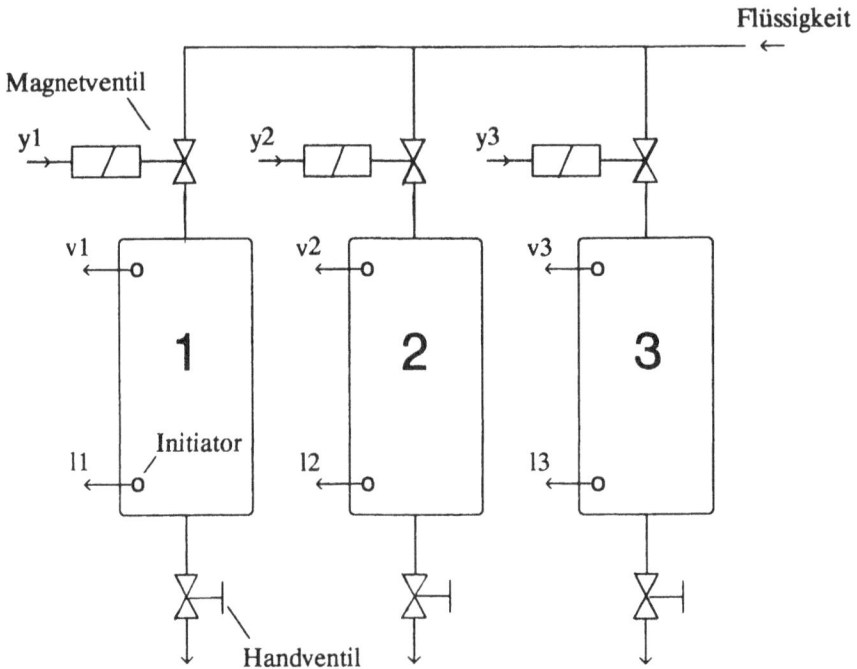

Bild 33. Die Steuerstrecke, bestehend aus drei Behältern mit Rohrleitungen, sechs Initiatoren, drei Magnetventilen und drei Handventilen. v1, v2, v3, l1, l2, l3 sind die Initiatorsignale.

ist ($l2 = 1$), kommt man zum Schritt 2, und wenn der dritte Behälter als erster leer ist ($l3 = 1$), kommt man zum Schritt 3. Hinter jedem der drei Schritte findet wieder eine Verzweigung statt. Nehmen wir an, daß der erste Behälter als erster leer wurde. Je nachdem ob nun der zweite oder der dritte Behälter als nächster leer ist, gelangt man vom Schritt M1 zu den Schritten M4 oder M5. Wird aber der erste Behälter wieder voll ($v1 = 1$), bevor einer der anderen Behälter leer wurde, gelangt man vom Schritt M1 zum Schritt M0 zurück. Dies ist in Bild 34 allerdings nicht als Schleife dargestellt sondern durch Wiederholung des Rechtecksymbols des Schrittes M0. Während der Dauer der Schritte M4 und M5 wird der Behälter 1 aufgefüllt, so daß M4 und M5 die Stellgröße y1 hervorrufen müssen.

Den übrigen Teil der Ablaufkette Bild 34 kann man auf entsprechende Weise erklären. Bei den Setz- und Löschanweisungen für die Schrittlabel M0, M1, M2 und M3 ist besondere Obacht zu wahren. Denn im Ablaufplan Bild 34 bilden sowohl M0 und M1 als auch M0 und M2 als auch M0 und M3 drei Schleifen,

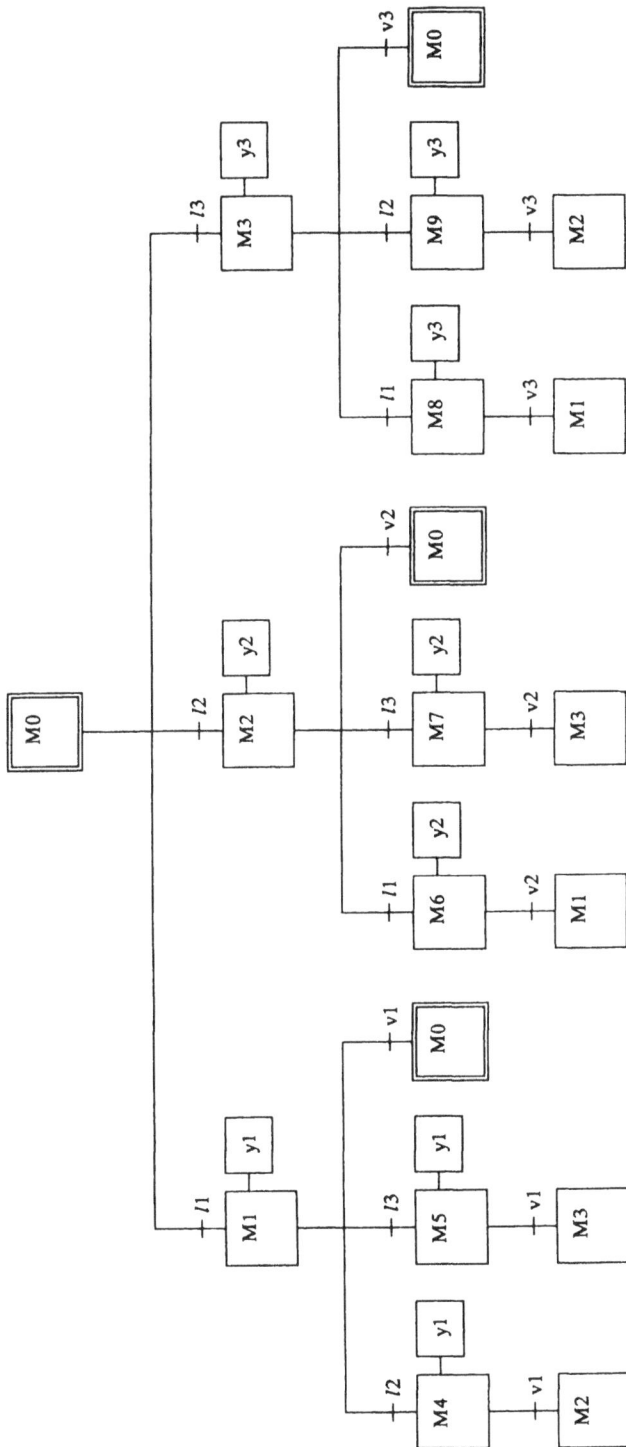

Bild 34. Funktionsplan der Steuerung zum Befüllen von drei Behältern. Der Schritt 0 mit dem Schrittlabel M0 tritt viermal auf. Es handelt sich jedesmal um denselben Schritt bzw. denselben Zustand der Steuerung. Für die Schritte M1, M2 und M3 gilt entsprechendes.

die fortwährend durchlaufen werden können. Beim Durchlaufen der erstgenann-
ten Schleife wird M1 von dem Schritt M0 sowohl gesetzt als auch gelöscht, und
umgekehrt wird M0 von dem Schritt M1 sowohl gesetzt als auch gelöscht. Dieses "sowohl als auch" ist nur möglich, wenn auch die Löschanweisungen, mit
denen M0 und M1 gelöscht werden, mit den entsprechenden Bedingungen $l1$
und $v1$ versehen werden gemäß den Anweisungen:

$$M0 = M0 \text{ AND NOT } (M1 \text{ AND } l1) , \qquad (1)$$
$$M1 = M1 \text{ AND NOT } (M0 \text{ AND } v1) . \qquad (2)$$

Allgemein gilt die Regel (siehe auch die Tabelle Seite 126):

*Wenn ein Label Mn von einem Label Mm sowohl gesetzt als auch gelöscht
wird, dann muß auch die Löschanweisung, die Mn löscht, mit einer Bedingung versehen werden.*

Diese Regel wird auch in der von M0 und M2 gebildeten Schleife wirksam
und führt zu den beiden Löschanweisungen

$$M0 = M0 \text{ AND NOT } (M2 \text{ AND } l2) , \qquad (3)$$
$$M2 = M2 \text{ AND NOT } (M0 \text{ AND } v2) . \qquad (4)$$

Desgleichen ist die Regel in der von M0 und M3 gebildeten Schleife anzuwenden, wodurch sich die beiden Löschanweisungen

$$M0 = M0 \text{ AND NOT } (M3 \text{ AND } l3) , \qquad (5)$$
$$M3 = M3 \text{ AND NOT } (M0 \text{ AND } v3) \qquad (6)$$

ergeben. Die vorstehenden sechs Löschanweisungen finden sich in den Programmzeilen 50 bis 68 wieder, in denen jeweils mehrere Löschanweisungen in
einer Anweisung zusammengefaßt sind. Beispielsweise sind die drei Anweisungen (1), (3) und (5) in der einen Anweisung Programmzeile 50 zusammengefaßt.

In dem Ablaufplan Bild 34 treten vier Ablaufverzweigungen auf, die sich in
dem Plan als horizontale Wirklinien bemerkbar machen. Die drei Schritte, auf
die jeweils verzweigt werden kann, sind gegeneinander zu verriegeln. Dadurch
wird beispielsweise gewährleistet, daß auch dann nur einer der drei Schritte
M1, M2 und M3 gesetzt wird, wenn gleichzeitig zwei oder drei der Bedingungen $l1$, $l2$, $l3$ logisch 1 werden. In den Programmzeilen 16 und 18 geschieht
das Verriegeln durch die Terme AND NOT M1 bzw. durch AND NOT M1
AND NOT M2.

Ein besonderer Bedienteil ist bei dieser Steuerung nicht erforderlich, weil ein
"Einrichten" der Steuerung hier nicht in Frage kommt. Vorgesehen ist nur das
Nullstell-Signal NU. Nach Programmzeile 12 ist $NU = v1 \wedge v2 \wedge v3 = (\text{logisch}) 1$,
wenn alle drei Behälter voll sind. Die Programmzeilen 83 bis 92 bewirken
dann, daß die Ablaufkette in die Nullstellung gebracht wird, bei der $M0 = 1$ ist
und alle anderen Schrittlabel $Mn = 0$ sind, wenn $NU = 1$ ist.

Programm für C, Pascal und Basic (Befüllen von drei Behältern)

10 INPUT $I1, I2, I3$, v1, v2, v3	Eingeben der Initiatorsignale
12 NU = v1 AND v2 AND v3	Nullstell-Signal wird gebildet

14 M1 = M1 OR (M0 AND $I1$)
16 M2 = (M2 OR (M0 AND $I2$)) AND NOT M1
18 M3 = (M3 OR (M0 AND $I3$)) AND NOT M1 AND NOT M2
20 M4 = M4 OR (M1 AND $I2$)
22 M5 = (M5 OR (M1 AND $I3$)) AND NOT M4
24 M0 = (M0 OR (M1 AND v1)) AND NOT M4 AND NOT M5
26 M6 = M6 OR (M2 AND $I1$)
28 M7 = (M7 OR (M2 AND $I3$)) AND NOT M6   Setzen
30 M0 = (M0 OR (M2 AND v2)) AND NOT M6 AND NOT M7   der
32 M8 = M8 OR (M3 AND $I1$)   Schritt-
34 M9 = (M9 OR (M3 AND $I2$)) AND NOT M8   label
36 M0 = (M0 OR (M3 AND v3)) AND NOT M8 AND NOT M9
38 M2 = M2 OR (M4 AND v1)
40 M3 = M3 OR (M5 AND v1)
42 M1 = M1 OR (M6 AND v2)
44 M3 = M3 OR (M7 AND v2)
46 M1 = M1 OR (M8 AND v3)
48 M2 = M2 OR (M9 AND v3)

50 M0 = M0 AND NOT ((M1 AND $I1$) OR (M2 AND $I2$) OR (M3 AND $I3$))
56 M1 = M1 AND NOT ((M0 AND v1) OR M4 OR M5)
62 M2 = M2 AND NOT ((M0 AND v2) OR M6 OR M7)
68 M3 = M3 AND NOT ((M0 AND v3) OR M8 OR M9)   Löschen
74 M4 = M4 AND NOT M2   der
76 M5 = M5 AND NOT M3   Schritt-
78 M6 = M6 AND NOT M1   label
80 M7 = M7 AND NOT M3
81 M8 = M8 AND NOT M1
82 M9 = M9 AND NOT M2

83 M0 = M0 OR NU
84 M1 = M1 AND NOT NU
85 M2 = M2 AND NOT NU
86 M3 = M3 AND NOT NU
87 M4 = M4 AND NOT NU   Nullsetzen der Ablaufkette,
88 M5 = M5 AND NOT NU   d.h. es werden M0 = 1 und
89 M6 = M6 AND NOT NU   alle anderen Mn = 0 gemacht
90 M7 = M7 AND NOT NU
91 M8 = M8 AND NOT NU
92 M9 = M9 AND NOT NU

93 y1 = M1 OR M4 OR M5
94 y2 = M2 OR M6 OR M7   Die Stellgrößen werden gebildet
95 y3 = M3 OR M8 OR M9

96 PRINT y1;y2;y3   Die Stellgrößen werden ausgegeben
97 GOTO 10

Austesten des Programmes. Das Programm soll wieder getestet werden, ohne daß die Steuerstrecke zur Verfügung steht. Dafür wird das Programm mit RUN gestartet, nachdem vorher die Printzeile 96 so abgeändert wurde, daß die nachstehende Tabelle ausgedruckt wird. Die in den linken sechs Tabellenspalten aufgeführten Werte von $l1$ bis $v3$ sind mit INPUT eingegeben. Diese Werte sind so gewählt, daß ein Befüllungsvorgang simuliert wird: Es wird angenommen, daß die Behälter in der Reihenfolge 2, 1, 3 leer werden und derselben Reihenfolge wieder voll werden. Zu den gewählten Werten von $l1$ bis $v3$ werden vom Programm die Stellgrößen $y1$, $y2$ und $y3$ berechnet. Aus dem Print erkennt man, daß das Programm Werte $y1$, $y2$, $y3$ errechnet, die diesen Vorgang tatsächlich hervorrufen.

$l1$	$l2$	$l3$	$v1$	$v2$	$v3$		$y1$	$y2$	$y3$	(Kommentar gilt für jeweilige Zeile)
0	0	0	-1	-1	-1		0	0	0	alle drei Behälter sind voll
0	0	0	-1	-1	0		0	0	0	
0	0	0	0	-1	0		0	0	0	
0	-1	0	0	0	0		0	-1	0	Behälter 2 ist leer, $y2 = $ (logisch) 1
-1	0	0	0	0	0		0	-1	0	Behälter 1 ist leer
-1	0	-1	0	0	0		0	-1	0	Behälter 3 ist leer
-1	0	-1	0	-1	0		-1	0	0	Behälter 2 ist voll, $y2 = 0$, $y1 = 1$
0	0	-1	0	-1	0		-1	0	0	
0	0	-1	-1	-1	0		0	0	-1	Behälter 1 ist voll, $y1 = 0$, $y3 = 1$
0	0	0	-1	-1	0		0	0	-1	
0	0	0	-1	-1	-1		0	0	0	Behälter 3 ist voll, $y3 = 0$

Beispiel. Ampelsteuerung.

Funktion der Steuerung. An einer einspurigen Straßenverengung wird der Verkehr mit einer Ampelanlage geführt. Damit unnützes Warten der Fahrzeuge vermieden wird, sind die Straßen mit zwei Initiatoren ausgerüstet, wie das Bild 35 zeigt. Wenn der Rechner gestartet wird, gehen zunächst beide Ampeln auf rot und bleiben rot, solange die Ampelfunktion nicht eingeschaltet ist (EIN = 0). Die Ampeln werden eingeschaltet mit EIN = 1. Wenn die Ampeln eingeschaltet sind und ein Fahrzeug an einen Initiator kommt, gehen die Ampeln 8 Sekunden lang auf rot und danach geht die Ampel, an der das Fahrzeug steht, 15 Sekunden lang auf grün und bleibt grün, wenn kein Gegenfahrzeug kommt. Wenn nach Ablauf der 15 Sekunden ein Gegenfahrzeug auftritt, gehen die Ampeln sofort 8 Sekunden lang auf rot und geben danach der Gegenrichtung mindestens 15 Sekunden lang grün. Bei EIN = 0 bleiben beide Ampeln auf rot stehen.

Initiatoren und Stellgrößen. Wie Bild 35 zeigt, befindet sich bei jeder Ampel ein Initiator (Induktionsschleife), der das Signal $x1 = 1$ bzw. $x2 = 1$ abgibt, wenn ein Fahrzeug bei ihm ist. Die Ampeln haben rote und grüne Lampen, die mit den Signalen $R1 = 1$, $G1 = 1$, $R2 = 1$ bzw. $G2 = 1$ zum Leuchten gebracht werden. Eingeschaltet werden die Ampeln mit einem Schalter, der in der einen Stellung das Signal EIN = 1 und in der anderen Stellung EIN = 0 abgibt.

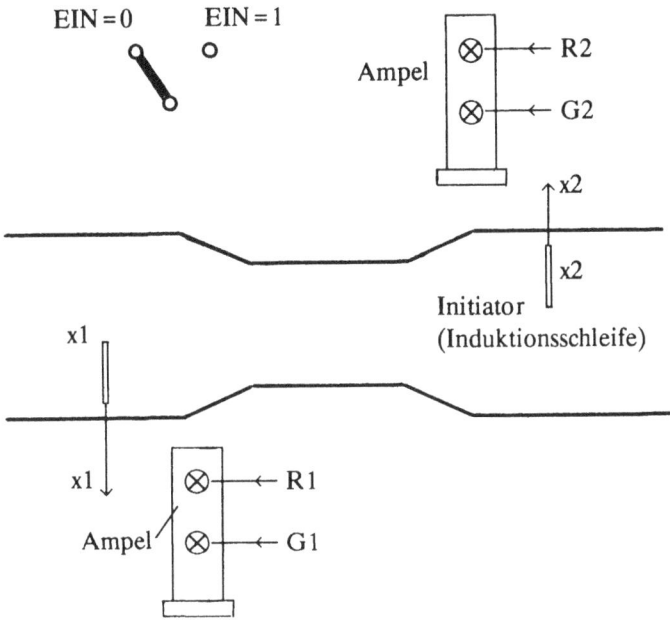

Bild 35. Ampelsteuerung. R1 = 1, R2 = 1 Rotsignale,
G1 = 1, G2 = 1 Grünsignale.

Die Ablaufkette (Funktionsplan) ist in Bild 36 dargestellt. Wenn der steuernde Rechner gestartet wird, bekommt M0 in Programmzeile 10 den Wert M0 = -1 (logisch 1) und beide Ampeln zeigen aufgrund der Programmzeilen 54 und 56 rot. Wenn nun zuerst x1 = 1 wird, geht die Steuerung in den linken Zweig von Bild 36; M1 wird gesetzt, und beide Ampeln zeigen weiterhin rot. Wenn EIN = 1 ist und 8 Sekunden vergangen sind, wird M3 gesetzt, und Ampel 1 geht auf grün, Ampel 2 bleibt rot. Nach weiteren 15 Sekunden wird M5 gesetzt, und die Ampel 1 bleibt grün, Ampel 2 rot. Wenn jedoch x2 = 1 ist (oder die Ampeln ausgeschaltet werden, EIN = 0), wird M5 unverzüglich wieder gelöscht und mit einem Sprung in den rechten Zweig von Bild 36 wird M2 gesetzt, wodurch beide Ampeln rot bekommen. Jetzt wiederholt sich derselbe Vorgang entsprechend im rechten Zweig von Bild 36. Nach Abschalten mit EIN = 0 bleibt die Steuerung bei M1 oder M2 stehen, so daß beide Richtungen konstant rot haben.

In dem folgenden Programm wird die Steuerung realisiert. Die Schritte 1 und 2 sind in der Programmzeile 20 verriegelt, damit M2 und M1 nicht beide gleichzeitig gesetzt werden können. In der Programmzeile 40 sind die beiden Löschanweisungen M0 = M0 AND NOT M1 sowie M0 = M0 AND NOT M2 zu einer Anweisung zusammengefaßt. Erläuterungen zur Verarbeitung der Uhrzeit in den Programmzeilen 24 bis 38 finden sich auf Seite 28.

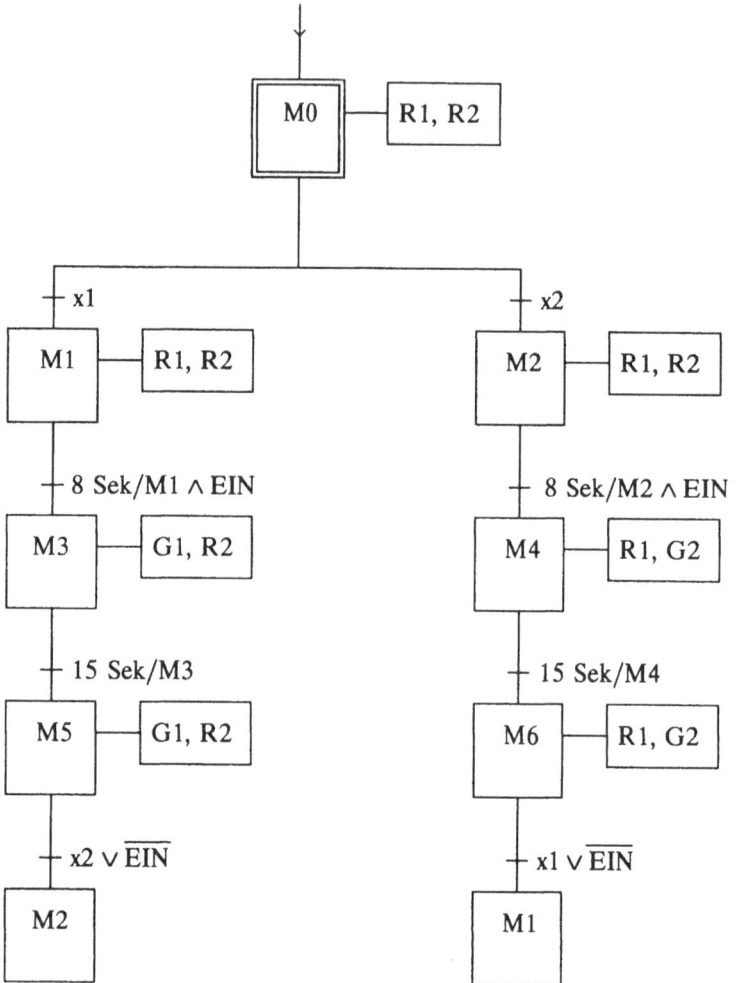

Bild 36. Ablaufkette der Ampelsteuerung. In der Beschriftung bedeutet z. B.
15Sek/M3, daß weitergeschaltet wird nach Schritt 5, wenn Schritt 3
fünfzehn Sekunden lang gesetzt war. Entsprechend bedeutet 8 Sek/M2
∧ EIN, daß weitergeschaltet wird, wenn M2 mindestens 8 Sekunden
lang 1 war und EIN = 1 ist. Ferner bedeutet beispielsweise der Block
rechts bei Schritt 3, daß G1 = M3 und R2 = M3 sind.

Programm für C, Pascal und Basic (Ampelsteuerung)

10 M0 = -1	Schritt 0 wird gesetzt
12 READ EIN, x1, x2	Eingangssignale werden in Rechner geholt
14 SALT = S:S = VAL(MID$(TIME$,7,2))	S = 0, 1, ... 59 Sekunden der Uhr

16 M1 = M1 OR (M0 AND x1)
18 M1 = M1 OR (M6 AND (x1 OR NOT EIN))
20 M2 = M2 OR (M0 AND x2 AND NOT M1)   Setzen der Schritte 1 und 2
22 M2 = M2 OR (M5 AND (x2 OR NOT EIN))

24 IF (M1 AND ABS(SALT-S)>0.8) THEN SA=SA+1   Setzen Schritt 3
26 IF (SA=8 AND EIN) THEN M3=-1: SA=0   (s. hierzu Zeile 14)

28 IF (M2 AND ABS(SALT-S)>0.8) THEN SB=SB+1   Setzen Schritt 4
30 IF (SB=8 AND EIN) THEN M4=-1: SB=0   (s. hierzu Zeile 14)

32 IF (M3 AND ABS(SALT-S)>0.8) THEN SC=SC+1   Setzen Schritt 5
34 IF SC=15 THEN M5=-1: SC=0   (s. hierzu Zeile 14)

36 IF (M4 AND ABS(SALT-S)>0.8) THEN SD=SD+1   Setzen Schritt 6
38 IF SD=15 THEN M6=-1: SD=0   (s. hierzu Zeile 14)

40 M0 = M0 AND NOT (M1 OR M2)
42 M1 = M1 AND NOT M3
44 M2 = M2 AND NOT M4
46 M3 = M3 AND NOT M5   Löschen der Schritte 0 bis 6
48 M4 = M4 AND NOT M6
50 M5 = M5 AND NOT M2
52 M6 = M6 AND NOT M1

54 R1 = M0 OR M1 OR M2 OR M4 OR M6
56 R2 = M0 OR M1 OR M2 OR M3 OR M5   Ausgangssignale R1, G1, R2
58 G1 = M3 OR M5   und G2 werden berechnet
60 G2 = M4 OR M6
64 PRINT R1; G1; R2; G2   Ausgangssignale werden ausgegeben
70 GOTO 12

Austesten des Programmes. Um das Programm auch mit einem Rechner testen zu können, der keine elektrischen Ein- und Ausgänge hat, wird das Programm um die folgenden Zeilen ergänzt. Zeile 68 bewirkt, daß während der Wartezeiten keine Data-Werte eingelesen werden.

68 IF (M1 OR M2 OR M3 OR M4) GOTO 14   Die Zahlentripel stellen
72 DATA -1,0,0,   -1,-1,0,   -1,0,-1,   -1,0,0,   0,0,0   EIN,x1,x2 dar.

Während des Testes wird die Ausgabe Zeile 64 **nicht zum Printer, sondern zum Display** gegeben, weil während der Wartezeiten von 8 bzw. 15 Sekunde die Zeile 64 einige hundert mal durchlaufen wird. Nach dem Starten des Programmes mit RUN kann man auf dem Bildschirm die vom Programm berechneten Signalwerte von R1,G1,R2 und G2 beobachten und man kann auch kontrollieren, ob die Signale die verlangten Zeiten von 8 bzw. 15 Sekunden auf dem Bildschirm anstehen. Nach dem Start des Testes muß nacheinander sein:

    8 Sekunden lang beide Ampeln rot,
    15 Sekunden lang Ampel 1 grün und Ampel 2 rot,
    8 Sekunden lang beide Ampeln rot,
    15 Sekunden lang Ampel 1 rot und Ampel 2 grün,
    danach bleiben beide Ampeln auf rot stehen.

Die gewählten Daten der Zeile 72 entsprechen der folgenden Situation: Zunächst sind bei eingeschalteten Ampeln keine Fahrzeuge an den Ampeln (DATA-Werte -1,0,0). Dann taucht zuerst beim Initiator 1 (DATA-Werte -1,-1,0) und danach beim Initiator 2 (DATA-Werte -1,0,-1) ein Fahrzeug auf. Danach tritt kein Fahrzeug mehr auf (DATA-Werte -1,0,0), und zum Schluß werden die Ampeln abgestellt (DATA-Werte 0,0,0).

Beispiel. Drehrichtungserkennung.

Funktion der Steuerung. Die Drehrichtung einer Welle soll erkannt werden, d.h. wenn sich die Welle links herum dreht, soll eine Lampe mit dem Signal y*l* zum Leuchten gebracht werden. Wenn die Welle rechts herum dreht, soll eine andere Lampe mit dem Signal yr zum Leuchten gebracht werden. Bild 37 zeigt die Einrichtung, mit der die Drehrichtung festgestellt werden soll: Auf die Welle ist eine Scheibe montiert, die mit einer Metallmarke versehen ist. Immer wenn die Metallmarke bei einem der drei Initiatoren ist, gibt der jeweilige Initiator 1-Signal ab, x0 = 1, x1 = 1 oder x2 = 1. Die Drehrichtung wird aus der Reihenfolge erkannt, in der die drei Signale 1 werden: Wenn nach x0 zunächst x1 Eins ist, hat die Welle Linksdrehung; wenn dagegen nach x0 zunächst x2 Eins ist, hat die Welle Rechtsdrehung.

Erläuterungen zur Ablaufkette und zum Programm. Bild 38 zeigt die Ablaufkette, mit der diese Aufgabe gelöst wird. Wenn die Metallmarke am oberen Initiator vorbeigeht, wird M0 vom Signal x0 gesetzt. Wenn nun als nächstes x1 Eins ist (Linksdrehung), wird hinter der Ablaufverzweigung M1 gesetzt. Von M1 werden nun y*l* gesetzt und yr gelöscht (siehe Programmzeilen 50 und 65). Wenn dagegen, nachdem M0 = 1 geworden ist, als nächstes x2 Eins wird (Rechtsdrehung), wird M2 gesetzt, und M2 setzt yr und löscht y*l* (Programmzeilen 55 und 60). Aus dem Funktionsplan erkennt man:
Das Label M0 wird von dem Label M1 sowohl gesetzt als auch gelöscht,
Das Label M1 wird von dem Label M0 sowohl gesetzt als auch gelöscht,
Das Label M0 wird von dem Label M2 sowohl gesetzt als auch gelöscht,
Das Label M2 wird von dem Label M0 sowohl gesetzt als auch gelöscht.

Daher müssen nach der Regel von Seite 76 auch die Löschanweisungen, mit denen M0, M1 und M2 gelöscht werden, alle mit Bedingungen versehen werden, und zwar mit AND x0 in den Programmzeilen 40 und 45 sowie mit AND x1 bzw. AND x2 in Programmzeile 35.

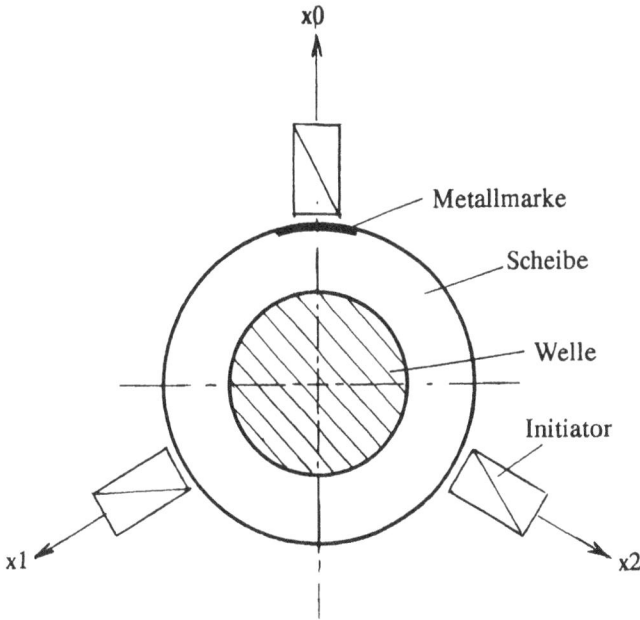

Bild 37. Geräteaufbau der Drehrichtungserkennng. Die Initiatoren geben 1-Signal ab, wenn die Metallmarke bei ihnen ist. Schrittlabel M0 wird immer 1, wenn die Metallmarke an dem x0-Initiator ist.

Programm für C, Pascal und Basic (Drehrichtungserkennung)

```
10 M0 = -1
15 INPUT  x0, x1, x2
20 M0 = M0 OR ((M1 AND x0) OR (M2 AND x0))
25 M1 = M1 OR (M0 AND x1)
30 M2 = M2 OR (M0 AND x2)
35 M0 = M0 AND NOT ((M1 AND x1) OR (M2 AND x2))
40 M1 = M1 AND NOT (M0 AND x0)
45 M2 = M2 AND NOT (M0 AND x0)
50 yl = yl OR M1
55 yr = yr OR M2
60 yl = yl AND NOT M2
65 yr = yr AND NOT M1
70 PRINT x0; x1; x2; M0; M1; M2; yl; yr
80 GOTO 15
```

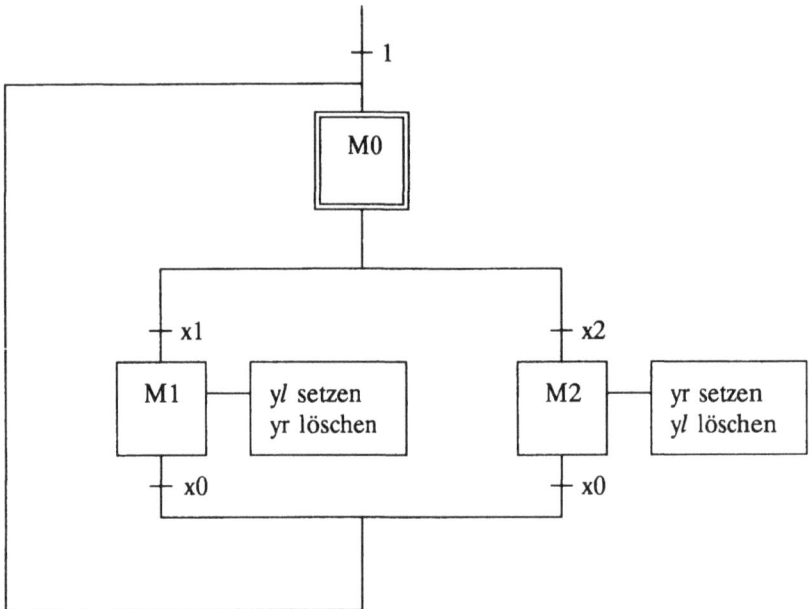

Bild 38. Ablaufkette der Drehrichtungs-Erkennung mit Ablaufverzweigung und Ablaufzusammenführung. Linksdrehung der Welle wird durch $yl = 1$ und Rechtsdrehung durch $yr = 1$ angezeigt.

Austesten des Programmes. Nachdem das Programm mit RUN gestartet worden ist, wird die folgende Tabelle ausgedruckt. Die x-Werte der linken drei Tabellen-Spalten sind mit INPUT eingegeben worden. Diese Werte sind so gewählt, daß zunächst Linksdrehung der Welle und danach Rechtsdrehung simuliert werden. Offenbar werden die beiden Signale yl und yr richtig berechnet. yl und yr könnten auch einfach nach den Gleichungen $yl = M1$ und $yr = M2$ berechnet werden. Dann würden jedoch yl und yr bei jeder Wellenumdrehung lücken, weil M1 und M2 bei jeder Wellenumdrehung lücken. Eine flakkernde Anzeige wäre die Folge.

x0	x1	x2	M0	M1	M2	yl	yr
-1	0	0	-1	0	0	0	0
0	0	0	-1	0	0	0	0
0	-1	0	0	-1	0	-1	0
0	0	0	0	-1	0	-1	0
0	0	-1	0	-1	0	-1	0
0	0	0	0	-1	0	-1	0
-1	0	0	-1	0	0	-1	0
0	0	0	-1	0	0	-1	0
0	0	-1	0	0	-1	0	-1
0	0	0	0	0	-1	0	-1
0	-1	0	0	0	-1	0	-1
0	0	0	0	0	-1	0	-1

3.6 Ablaufsteuerungen mit Zuständen statt der Schritte als Label

Beispiel. Paket-Zähleinrichtung

Funktion der Steuerung. Mit einem Förderband werden Pakete zur Verladung geschafft, wie Bild 39 zeigt. Die Pakete sollen mit Hilfe von zwei Lichtschranken gezählt werden. Wenn das Band bei der Beseitigung von Störungen oder aus anderen Gründen rückwärts läuft, dann soll auch rückwärts gezählt werden.

Die vier Zustände der Steuerung. Bisher wurde mit Schritten gearbeitet (außer im letzten Beispiel), wobei der Übergang der Steuerung von einem Zustand in einen anderen Zustand einen Schritt darstellt. In dem vorliegenden Beispiel ist es übersichtlicher, mit den Zuständen selbst zu arbeiten anstatt mit den Schritten. Dabei kennzeichnen die Label M0, M1, M2 jetzt die Zustände. Unter der Voraussetzung, daß die Pakete so groß sind, daß jedes Paket die beiden Lichtschranken gleichzeitig unterbricht, gibt es in diesem Beispiel die folgenden Zustände (siehe Bild 40):

Zustand 0 (Bild 40a und d). Keine Lichtschranke ist unterbrochen. Dieser Zustand wird mit $M0 = 1$ gekennzeichnet. In allen anderen Zuständen soll $M0 = 0$ sein.

Zustand 1 (Bild 40b). Beide Lichtschranken sind unterbrochen. Dieser Zustand wird mit $M1 = 1$ gekennzeichnet. In allen anderen Zuständen soll $M1 = 0$ sein.

Zustand 2 (Bild 40c). Nur die rechte Lichtschranke ist unterbrochen. Dieser Zustand soll mit $M2 = 1$ gekennzeichnet werden. In allen anderen Zuständen soll $M2 = 0$ sein.

Zustand 3 (Bild 40e). Nur die linke Lichtschranke ist unterbrochen.

Der letzte Zustand wird nicht genutzt (stattdessen könnte auch ein anderer Zustand ungenutzt bleiben). Man kommt nämlich mit drei Zuständen aus, um die Bewegungsrichtung zu bestimmen. Wenn zeitlich nacheinander zuerst $M0 = 1$ ist, dann $M1 = 1$ ist und danach $M2 = 1$ ist, dann geht die Bandbewegung eindeutig von links nach rechts. Wenn dagegen zuerst M0 dann M2 und danach M1 Eins ist, dann geht die Bewegung eindeutig von rechts nach links.

Generell kann eine Bewegungsrichtung mit Hilfe von drei Zuständen bestimmt werden.

Anmerkung. In dem vorhergehenden Beispiel der Drehrichtungserkennung waren drei Initiatoren erforderlich (hier nur zwei Lichtschranken als Initiatoren), weil der Zustand, daß zwei Initiatoren gleichzeitig 1 sind, in Bild 37 nicht auftrat.

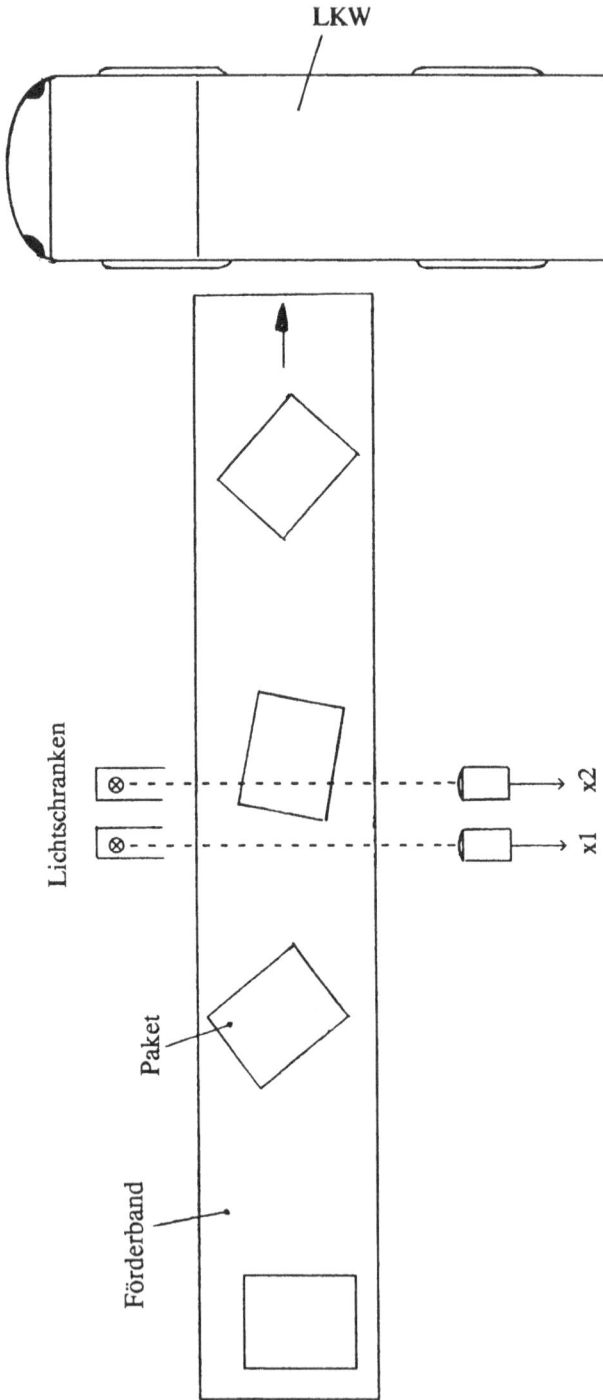

Bild 39. Förderband zum Verladen von Paketen. Mit Hilfe von zwei Lichtschranken werden die Pakete gezählt. Nach dem Verladen läßt man das Förderband rückwärts laufen. Dann zählt der Rechner rückwärts, so daß die rechts von den Lichtschranken liegenden Pakete, die nicht mehr zur Verladung gelangt sind, wieder abgezogen werden. $x1$, $x2$ sind (logisch) 1, wenn die Lichtstrahlen unterbrochen sind.

```
                    linke      rechte
                    Lichtschr. Lichtschr.
        Paket       x1 = 1     x2 = 1
a          \          |          |                                    d
 ┌──────────────────┐ |          |          ┌──────────────────┐
 │ Zustand 0 (M0 = 1)│ |          |          │ Zustand 0 (M0 = 1)│
 │ keine Lichtschran-│ |          |          │ keine Lichtschran-│
 │ ke unterbrochen   │ |          |          │ ke unterbrochen   │
 └──────────────────┘ |   b      |          └──────────────────┘
                    ┌──┴──────────┴──┐
                    │ Zustand 1 (M1 = 1)│
                    │ beide Lichtschran-│
                    │ ken unterbrochen  │
                    └──────┬──────┬───┘
                           |      |              c
        e                  |   ┌──┴────────────────┐
 ┌──────────────────┐      |   │ Zustand 2 (M2 = 1) │
 │ Zustand 3        │      |   │ rechte Lichtschran-│
 │ linke Lichtschranke│    |   │ ke unterbrochen    │
 │ unterbrochen      │     |   └────────┬──────────┘
 └──────┬───────────┘      |            |
        |                  |            |
       x1 = 1            x2 = 1
```

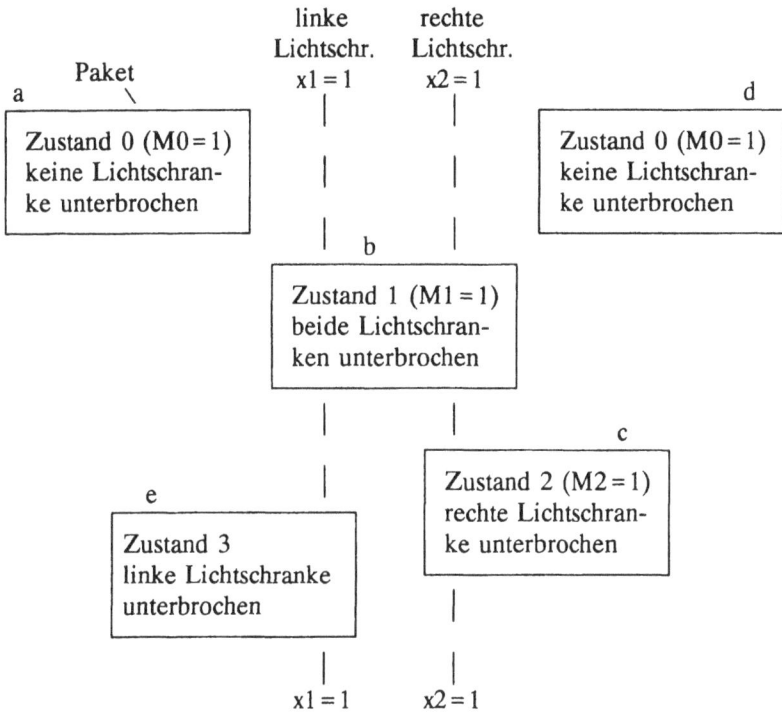

Bild 40. Die fünf Lagen, die ein Paket relativ zu den Lichtschranken haben kann und die zugeordneten Zustände. Die Lichtschranken geben 1-Signal ab, wenn sie unterbrochen sind. Der Zustand 3 (Lage e des Paketes) wird nicht genutzt.

Erläuterungen zum Funktionsplan und zum Programm. Betrachtet wird die Lage eines Paketes auf dem Förderband. Das Paket habe zunächst die Lage Bild 40a. Dies ist der Zustand 0 (M0 = 1). Es bewege sich nach rechts, was in dem Funktionsplan Bild 41 durch die rechte Schleife dargestellt wird. Wenn dann die beiden Lichtschranken überschritten werden, d.h. wenn $x1 = 1$ und $x2 = 1$ sind, ist die Anlage im Zustand 1 (Bild 40b). Die Bedingung für den Übergang von Zustand 0 auf Zustand 1 ist also $x1 \wedge x2 = 1$ (s. Bild 41). Wenn sich das Paket nun weiter nach rechts bewegt und dabei in Bild 40 die linke Lichtschranke freigibt, so daß $x1 = 0$ und $x2 = 1$ sind, gelangt die Anlage in den Zustand 2 (Bild 40c). Die Bedingung für den Übergang von Zustand 1 in Zustand 2 ist also $\overline{x1} \wedge x2 = 1$ (s. Bild 41). Wenn sich das Paket noch weiter nach rechts bewegt und dabei auch die rechte Lichtschranke freigibt, so daß $x1 = 0$ und $x2 = 0$ sind, gelangt die Anlage wieder in den Zustand 0 (Bild 40d). Die Bedingung für den Übergang von Zustand 2 in Zustand 0 ist demnach $\overline{x1} \wedge \overline{x2} = 1$. Auf diese Weise hat sich die rechte Schleife des Funktionsplanes Bild 41 ergeben. Die linke Schleife wird auf dieselbe Weise für die Bewegung von rechts nach links erhalten.

Aus dem Funktionsplan Bild 41 gewinnt man nun die Setz- und Löschanweisungen Zeilen 20 bis 30 und 40 bis 50 des Programmes. M0 wird in der linken Schleife von Bild 41 durch $M1 \wedge \overline{x1} \wedge \overline{x2}$ und in der rechten Schleife durch $M2 \wedge \overline{x1} \wedge \overline{x2}$ gesetzt. Daraus wird in Anhang 7.2 die Programmzeile 20 hergeleitet. Zu beachten ist, daß M0 in der rechten Schleife des Bildes 41 durch M2 gesetzt wird und in der linken Schleife durch M2 gelöscht wird. Daher ist nach der Regel von Seite 76 die Löschanweisung, mit der M0 in der linken Schleife gelöscht wird, mit der Bedingung $\overline{x1} \wedge x2$ zu versehen gemäß der Anweisung

M0 = M0 AND NOT (M2 AND NOT x1 AND x2) .

In der linken Schleife von Bild 41 wird M0 durch M1 gesetzt und in der rechten Schleife wird M0 durch M1 gelöscht. Daher hat M0 nach der Regel von Seite 76 in der rechten Schleife die Löschanweisung

M0 = M0 AND NOT (M1 AND x1 AND x2) .

Diese beiden Löschanweisungen werden zusammengezogen zu der Programmzeile 40. Auf dieselbe Weise ergeben sich die anderen Setz- und Löschanweisungen der Label. Die Anzahl Pakete, die von links nach rechts durch die beiden Lichtschranken hindurchgegangen sind, werde mit z bezeichnet. Die Zahl z muß an irgendeiner Stelle in der rechten Schleife von Bild 41 um 1 erhöht werden und in der linken Schleife um 1 erniedrigt werden. In Bild 41 geschieht dies zwischen den Zuständen M1 und M2; genauer gesagt in dem kurzen Augenblick, in welchem M1 und M2 beide 1 sind, wenn also M1 gesetzt ist und M2 noch nicht gelöscht ist, bzw. M2 gesetzt ist und M1 noch nicht gelöscht ist. Daher ist die Anweisung, mit der z erhöht bzw. erniedrigt wird, im Programm zwischen den Setzanweisungen und den Löschanweisungen der Label anzuordnen (Zeile 35). Beim Übergang von Zustand 1 in Zustand 2 ist in der rechten Schleife von Bild 41 in dem genannten Zeitpunkt

$$M1 \wedge M2 \wedge (\overline{x1} \wedge x2) = -1 \text{ (logisch 1) ,}$$

und in der linken Schleife ist beim Übergang von Zustand 2 in Zustand 1

$$M1 \wedge M2 \wedge (x1 \wedge x2) = -1 \text{ (logisch 1) .}$$

Aus diesen beiden Gleichungen folgt nun für z die arithmetische Berechnung

$$z = z - (M1 \wedge M2 \wedge \overline{x1} \wedge x2) + (M1 \wedge M2 \wedge x1 \wedge x2)$$

der Programmzeile 35, mit der z um 1 erhöht bzw. um 1 erniedrigt wird. (In dieser Anweisung sind + und - zu vertauschen bei der Programmiersprache C.)

Durch die Anordnung der Anweisung, mit der z erhöht und erniedrigt wird, im Programm zwischen den Setz- und Löschanweisungen der Label wird erreicht, daß sich die Zahl z nur einmal (und nicht bei jedem Programmdurchlauf) um 1 ändert, wenn ein Paket durch die Lichtschranken geht. Die Erhöhung und die Erniedrigung von z muß zwischen denselben Zuständen erfolgen, damit sich z nicht ändert, wenn eine Lichtschranke durch Zittern des zu zählenden Gegenstandes wiederholt unterbrochen wird.

Bandbewegung von rechts nach links

Bandbewegung von links nach rechts

$\overline{x1} \wedge \overline{x2}$

M0
Zustand 0

$\overline{x1} \wedge \overline{x2}$

$x1 \wedge x2$

M1
Zustand 1

a

z um 1
mindern

$\overline{x1} \wedge x2$

b

z um 1
erhöhen

$x1 \wedge x2$

M2
Zustand 2

$\overline{x1} \wedge x2$

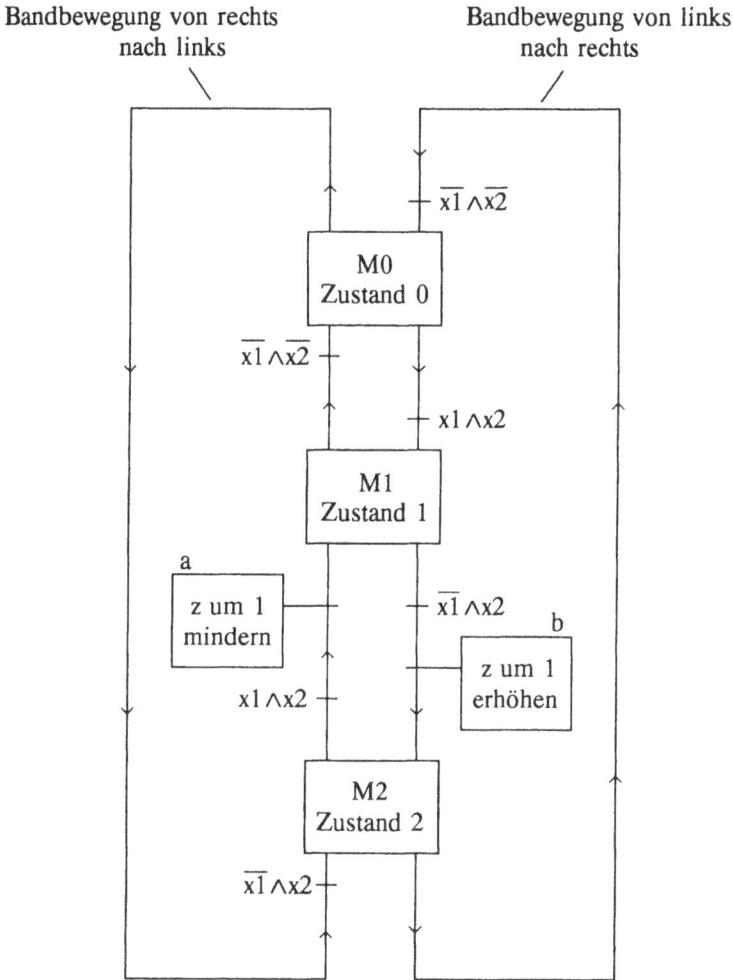

Bild 41. Funktionsplan der Zähleinrichtung. M0, M1 und M2 sind hier keine Schritte, sondern die in Bild 40 definierten Zustände, die in beiden Richtungen durchlaufen werden können, wie die Pfeilspitzen anzeigen. Die Blöcke a und b kennzeichnen die Stellen des Funktionsplanes, an denen z um 1 erniedrigt bzw. erhöht wird.

Programm für C, Pascal und Basic (Paket-Zähleinrichtung)

```
10 M0 = -1
15 INPUT x1, x2
20 M0 = M0 OR ((M1 OR M2) AND NOT (x1 OR x2))
25 M1 = M1 OR ((M0 OR M 2) AND x1 AND x2)
30 M2 = M2 OR ((M0 OR M1) AND NOT x1 AND x2)
35 z = z - (M1 AND M2 AND NOT x1 AND x2) +
                        (M1 AND M2 AND x1 AND x2)
40 M0 = M0 AND NOT ((M2 AND NOT x1 AND x2) OR
                        (M1 AND x1 AND x2))
45 M1 = M1 AND NOT ((M0 AND NOT x1 AND NOT x2) OR
                        (M2 AND NOT x1 AND x2))
50 M2 = M2 AND NOT ((M0 AND NOT x1 AND NOT x2) OR
                        (M1 AND x1 AND x2))
55 PRINT x1; x2; M0; M1; M2; z
60 GOTO 15
```

Austesten des Programmes. Wenn man das Programm mit RUN startet, wird die folgende Tabelle ausgedruckt. Die x-Werte der linken beiden Tabellenspalten sind mit INPUT eingegeben worden. Sie sind so gewählt, daß folgender Vorgang simuliert wird: Zunächst gehen zwei Pakete von links nach rechts durch Lichtschranken, wodurch z den Wert 2 bekommt. Dann läuft das Band rückwärts (von rechts nach links) und ein Paket geht rückwärts durch die Lichtschranken. Dadurch wird z wieder um 1 erniedrigt. Die Kombination $x1 = -1$, $x2 = 0$ (Zustand 3) nimmt die Steuerung nicht zur Kenntnis. Daher ist die Kombination $x1 = -1$, $x2 = 0$ in der folgenden Tabelle nicht aufgeführt.

x1	x2	M0	M1	M2	z	
0	0	-1	0	0	0	Zustand 0
-1	-1	0	-1	0	0	Zustand 1
-1	-1	0	-1	0	0	"
0	-1	0	0	-1	1	Zustand 2
0	-1	0	0	-1	1	"
0	0	-1	0	0	1	Zustand 0
0	0	-1	0	0	1	"
-1	-1	0	-1	0	1	Zustand 1
-1	-1	0	-1	0	1	"
0	-1	0	0	-1	2	Zustand 2
0	-1	0	0	-1	2	"
0	0	-1	0	0	2	Zustand 0
0	-1	0	0	-1	2	Zustand 2
0	-1	0	0	-1	2	"
-1	-1	0	-1	0	1	Zustand 1
-1	-1	0	-1	0	1	"
0	0	-1	0	0	1	Zustand 0

4. Verknüpfungssteuerungen

Die bisher betrachteten Steuerungen bedienten sich logischer Verknüpfungen und waren damit auch schon Verknüpfungssteuerungen. Unter dieser allgemeinen Bezeichnung sollen nun die Steuerungen behandelt werden, die sich den bisher betrachteten nicht subsummieren lassen. Im Prinzip kann man jede Steuerung als Schrittsteuerung (Ablaufsteuerung) entwerfen. Wenn der Funktionsplan jedoch zu viel Verzweigungen und Schleifen bekommt, wird der Entwurf so unübersichtlich, daß er sich nicht durchziehen läßt. In diesem Fall ist man auf intuitive Lösungen angewiesen. Zwei Beispiele hierfür sind die im Folgenden behandelte Fahrkorbsteuerung und die Fahrstuhlsteuerung. Die beiden Beispiele sind dadurch gekennzeichnet, daß der Mensch in hohem Maße in den Steuerablauf eingreift durch die zahlreichen Handsignale (durch Drücken der Signalknöpfe). Diese Steuerung ist damit diametral entgegengesetzt der Ablaufsteuerung im strengen Sinne, die vollkommen zwangsläufig vonstatten geht.

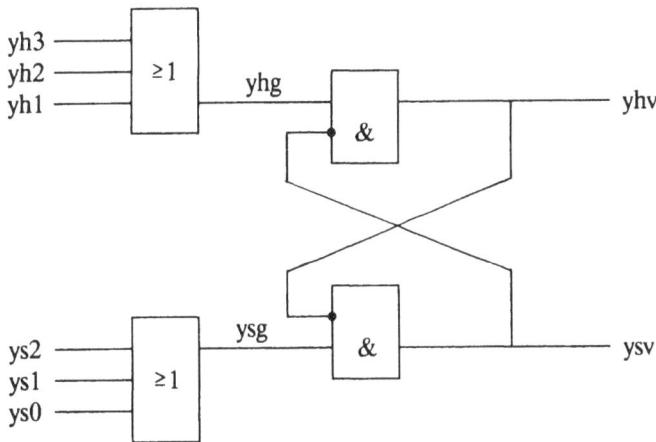

Bild 42. Vorranglogik. Definition des Gesamt-Hebesignals yhg, des Gesamt-Senksignals ysg sowie der Vorrangsignale yhv und ysv. Wenn yhv = 1 ist (Heben im Vorrang), ist ysv = 0. Dies gilt auch, wenn eines (oder mehrere) der Signale ys2, ys1, ys0 gleich 1 ist. Die Senksignale ys0, ys1 und ys2 können sich nicht durchsetzen solange yhv = 1 ist, Heben ist im "Vorrang". Entsprechendes gilt, wenn ysv = 1 ist und damit Senken im Vorrang ist.

4.1 Fahrkorbsteuerung für ein 4-stöckiges Lagerhaus

Verlangte Funktion: Wie Bild 43 zeigt, sind im Fahrkorb und an den Stockwerkstüren Signalknöpfe. Wenn ein Knopf gedrückt wird, soll der Fahrkorb nach der entsprechenden Station als Fahrziel fahren und dort stehen bleiben. Wenn der Korb hebt, soll er zunächst alle (gespeicherten) Stationen anfahren, die er durch Hebefahrt erreichen kann. Wenn der Korb senkt, soll er zunächst alle (gespeicherten) Stationen anfahren, die er durch Senkfahrt erreichen kann. An den angewählten Stationen soll er eine vorgegebene Wartezeit halten.

Bezeichnungen (Fahrkorbsteuerung Bild 43).

x0, x1, x2, x3	Signale der Initiatoren der Stationen 0 bzw. 1, 2, 3. (Die Signale sind 1, wenn der Korb bei den Initiatoren ist).
kT0, kT1, kT2, kT3	Signale der Knöpfe ⓪ , ① , ② , ③ mit denen der Fahrkorb nach den Stationen 0 bzw. 1, 2, 3 gerufen wird. Die Signale sind 1, wenn Knöpfe gedrückt sind. kT0 bis kT3 sind Ergebnisse von ODER-Verknüpfungen (siehe Bild 43).
k0, k1, k2, k3	gespeicherte Werte von kT0 bis KT3
yh1, yh2, yh3	Hebesignale mit den Fahrzielen Station 1 bzw. 2 bzw. 3
ys0, ys1, ys2	Senksignale mit den Fahrzielen Station 0 bzw. 1 bzw. 2
yhg=yh1 OR yh2 OR yh3	Gesamt-Hebesignal
ysg=ys0 OR ys1 OR ys2	Gesamt-Senksignal
yhv=yhg AND NOT ysv	Vorrangsignal für Heben. yhv ist 1, wenn yhg=1 und ysv=0 sind. Es kann nur entweder yhv oder ysv gleich 1 sein. Das Signal, das im Vorrang ist, blockiert das andere Signal ab.
ysv=ysg AND NOT yhv	Vorrangsignal für Senken. ysv ist 1, wenn ysg=1 und yhv=0 sind. Es kann nur entweder ysv oder yhv gleich 1 sein. Das Signal, das im Vorrang ist, blockiert das andere Signal ab.
yh	Hebesignal. Korb hebt, wenn yh=1 (und ys=0) ist.
ys	Senksignal. Korb senkt, wenn ys=1 (und yh=0) ist.

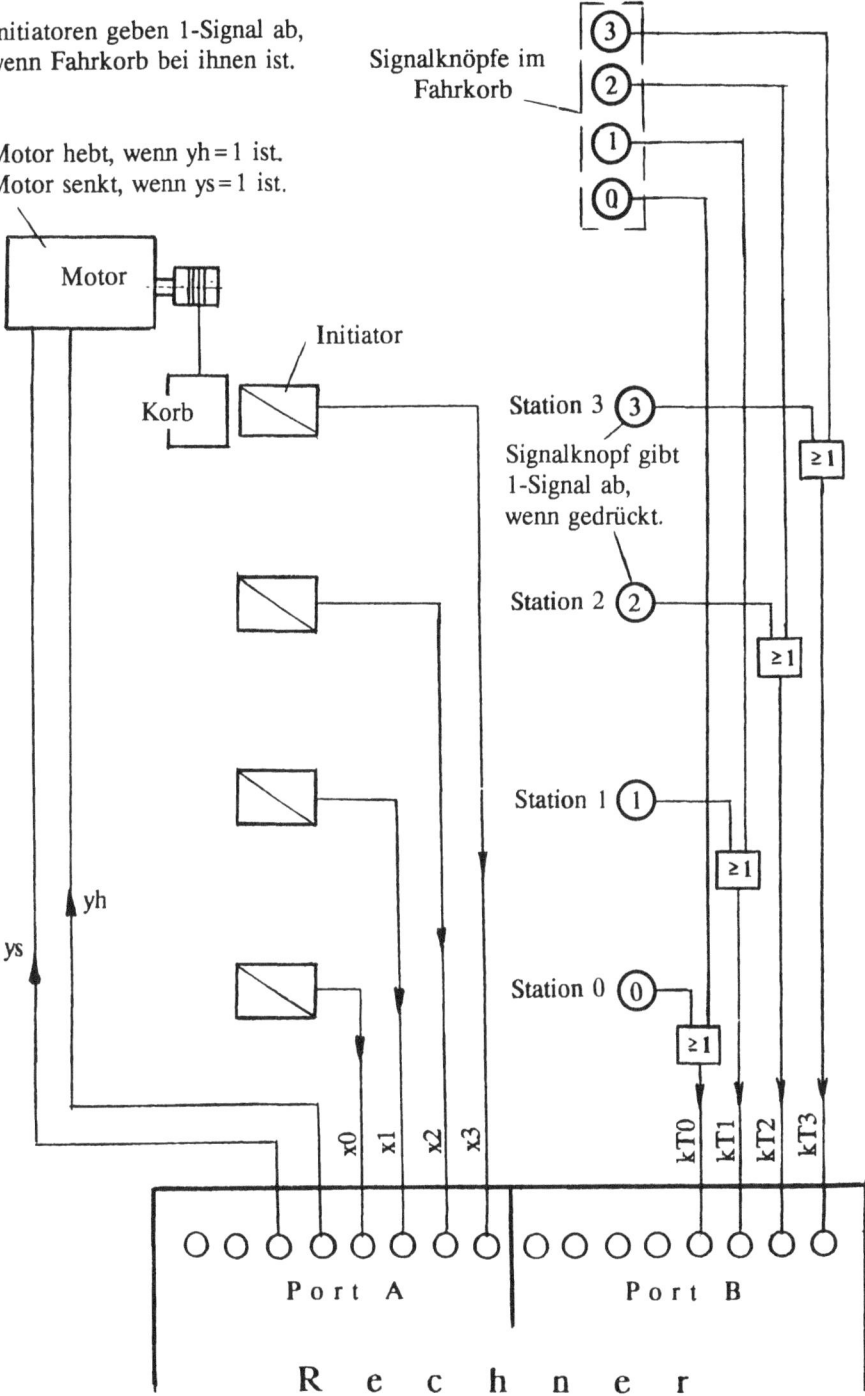

Bild 43. Fahrkorbsteuerung für ein vierstöckiges Lagerhaus.

Wirkungsweise der Fahrkorbsteuerungen (siehe Progr. S.95 und Bild 43).

1. Die Fahrzielsignale k3, k2, k1, k0 werden durch die Knopfsignale kT3, kT2, kT1, kT0 gesetzt. (Programmzeilen 120 bis 150).

2. Die Fahrzielsignale k3, k2, k1, k0 werden gelöscht, wenn der Korb am Fahrziel angekommen ist. Es werden also gelöscht: k3 durch x3, k2 durch x2, k1 durch x1 und k0 durch x0. (Programmzeilen 320 bis 350).

3. Die Hebesignale yh3, yh2, yh1 werden gesetzt, wenn der entspr. Knopf ③ bzw. ② bzw. ① gedrückt wird (d.h. wenn k3 bzw. k2 bzw. k1 gesetzt wird) und der Korb auf einem Initiator ist, der eine oder mehrere Stationen unter dem gedrückten Knopf liegt. (Programmzeilen 160 bis 180).

4. Die Senksignale ys2, ys1, ys0 werden gesetzt, wenn der entspr. Knopf ② bzw. ① bzw. ⓪ gedrückt wird (d.h. wenn k2 bzw. k1 bzw. k0 gesetzt wird) und der Korb auf einem Initiator ist, der eine oder mehrere Stationen über dem gedrückten Knopf liegt. (Programmzeilen 190 bis 210).

5. Der Korb soll halten, wenn er am Fahrziel angekommen ist. Es werden also gelöscht. (Programmzeilen 220 bis 270) :
   yh3 durch x3 , yh2 durch x2 , yh1 durch x1 ,
   ys2 durch x2 , ys1 durch x1 , ys0 durch x0 .

6. Wenn der Korb an einem Fahrziel angekommen ist, wenn also eine der IF-Bedingungen der Programmzeilen 280 bis 310 erfüllt ist, springt der Rechner in die Programmzeile 500 und yh und ys werden 5 Sekunden lang Null gemacht, wodurch eine Wartezeit des Fahrkorbes von 5 Sekunden entsteht. In Zeile 500 werden die Sekunden der in den steuernden Rechner eingebauten Uhr abgefragt. In Zeile 510 wird das Weiterspringen der Sekunden gezählt. Das Ergebnis SS der Zählung ist die Sekundenzahl, die seit dem Beginn der Uhrabfrage vergangen ist (siehe Seite 28). Der Korb fährt weiter, wenn die Wartezeit abgelaufen ist und ein weiteres der Signal k0, k1, k2, k3 gespeichert ist.

7. Die Vorranglogik der Zeilen 360 bis 390 bewirkt, daß der hebende Korb zunächst alle gespeicherten Hebesignale abfährt, und der senkende Korb zunächst alle gespeicherten Senksignale abfährt. Die Vorrangschaltung, von der die Vorranglogik abgeleitet ist, ist im Bild 42 dargestellt.

Austesten des Programmes. Dem Programmtest dienen die READ-Anweisung der Programmzeile 110 und die DATA-Werte Zeilen 540 bis 575. Außerdem muß man *für den Programmtest die Zahl 410 der Programmzeile 520 abändern in 120.* Nach dem Programmstart mit RUN werden die richtigen yh- und ys-Werte ausgedruckt, und die Wartezeit von 5 Sekunden tritt auch in Erscheinung.

Programm für C, Pascal, Basic (Fahrkorbsteuerung für ein vierstöckiges Lagerhaus)

```
110 READ x0, x1, x2, x3, kT0, kT1, kT2, kT3        Eingeben der Signale
120 k3=k3 OR kT3                                   Speichern der Knopf-Signale
130 k2=k2 OR kT2                                   kT0 bis kT3. Die gespeicher-
140 k1=k1 OR kT1                                   ten Signale sind k0 bis k3.
150 k0=k0 OR kT0
160 yh3=yh3 OR ((x2 OR x1 OR x0) AND k3)           Setzen der Hebesignale,
170 yh2=yh2 OR ((x1 OR x0) AND k2)                 wenn der Korb unter
180 yh1=yh1 OR (x0 AND k1)                         dem Fahrziel steht.
190 ys2= ys2 OR (x3 AND k2)                        Setzen der Senksignale,
200 ys1= ys1 OR ((x3 OR x2) AND k1)                wenn der Korb über
210 ys0= ys0 OR ((x3 OR x2 OR x1) AND k0)          dem Fahrziel steht.
220 yh3=yh3 AND NOT x3
230 yh2=yh2 AND NOT x2                             Löschen der Hebesignale yh1 bis yh3
240 yh1=yh1 AND NOT x1                             und der Senksignale ys2 bis ys0, wenn
250 ys2=ys2 AND NOT x2                             der Fahrkorb an dem Fahrziel ange-
260 ys1=ys1 AND NOT x1                             kommen ist.
270 ys0=ys0 AND NOT x0
280 IF x3 AND k3 GOTO 500                          Sprung in die Zeile 500, wenn der
290 IF x2 AND k2 GOTO 500                          Fahrkorb an dem  Fahrziel angekom-
300 IF x1 AND k1 GOTO 500                          men ist.
310 IF x0 AND k0 GOTO 500
320 k3=k3 AND NOT x3                               Löschen des jeweiligen Signals k0,
330 k2=k2 AND NOT x2                               k1, k2, k3, wenn der Fahrkorb am
340 k1=k1 AND NOT x1                               Fahrziel angekommen ist.
350 k0=k0 AND NOT x0
360 yhg=yh3 OR yh2 OR yh1                          Zusammenfassen der Hebe- und Senk-
370 ysg=ys2 OR ys1 OR ys0                          signale zu den Signalen yhg bzw. ysg
380 yhv=yhg AND NOT ysv                            Bilden der Vorrangsignale yhv, ysv
390 ysv= ysg AND NOT yhv
400 yh=yhv : ys=ysv                                Signale ausgeben
410 PRINT  yh; ys
420 GOTO 110
500 S=VAL(MID$(TIME$,7,2))                         Erzeugen einer Warte-
510 IF ABS(SALT-S)>0.8 THEN SS=SS+1                zeit von 5 Sekunden
520 SALT=S:IF SS<=5 THEN ys=0:yh=0:GOTO 410        (im Test 120 statt 410
530 SS=0:GOTO 320                                  s. Text)
```

```
540 DATA -1, 0, 0, 0,  0, 0, 0,-1      Mit den nebenstehenden DATA-Werten wird das
545 DATA  0,-1, 0, 0,  0, 0, 0, 0      Programm getestet. Die Werte sind so gewählt,
550 DATA  0, 0,-1, 0,  0,-1, 0, 0      daß der folgende Vorgang simuliert wird: Der
555 DATA  0, 0, 0,-1,  0, 0, 0, 0      Fahrkorb ist anfangs in Station 0 und es werden
560 DATA  0, 0,-1, 0,  0, 0, 0, 0      dann nacheinander die Knöpfe kT3, kT1 und kT2
565 DATA  0,-1, 0, 0,  0, 0, 0, 0      betätigt. Ausgedruckt wird für yh und ys : -1 0 ,
570 DATA  0,-1, 0, 0,  0,-1, 0        -1 0 , -1 0 , 0 -1 , 0 -1 , 0 0 , -1 0 , 0 0 .
575 DATA  0, 0,-1, 0,  0, 0, 0, 0      Die Wartezeiten machen sich dabei bemerkbar.
```

4.2 Fahrstuhlsteuerung für ein vierstöckiges Büro- oder Wohnhaus

Verlangte Funktion: Wie vohergehendes Beispiel; jedoch sind jetzt im 1. und 2. Stock jeweils zwei Rufknöpfe (s. Bild 44). Die mit dem Pfeil ↑ gekennzeichneten Knöpfe sind zu drücken, wenn man nach oben fahren will, und die mit dem Pfeil ↓ gekennzeichneten Knöpfe sind zu drücken, wenn man nach unten fahren will. Dies kann man auch so ausdrücken: Die beiden Knöpfe ⬇ dürfen keine Hebefahrt unterbrechen und die beiden Knöpfe ⬆ dürfen keine Senkfahrt unterbrechen.

Bezeichnungen zur Fahrstuhlsteuerung Bild 44

Es gelten die Bezeichnungen Seite 92 des vohergehenden Beispiels und dazu noch die folgenden:

kT2h, kT2s	Knopfsignale zum Rufen des Fahrkorbes nach Station 2, wenn anschließend gehoben bzw. gesenkt werden soll. Die Knöpfe sind an der Tür in Station 2 und mit den Pfeilen ↑ bzw. ↓ gekennzeichnet. Die Signale sind 1, wenn Knöpfe gedrückt sind. Sie sind 0, wenn die Knöpfe wieder losgelassen werden.
k2h, k2s	gespeicherte Werte von kT2h bzw. kT2s
kT1h, kT1s	Knopfsignale zum Rufen des Fahrkorbes nach Station 1, wenn anschließend gehoben bzw. gesenkt werden soll. Die Knöpfe sind an der Tür in Station 1 und mit den Pfeilen ↑ bzw. ↓ gekennzeichnet. Die Signale sind 1, wenn Knöpfe gedrückt sind. Sie sind 0, wenn die Knöpfe wieder losgelassen werden.
k1h, k1s	gespeicherte Werte von kT1h bzw. kT1s

Wirkungsweise der Fahrstuhlsteuerung (Programm S.100 und Bild 44)

1. Die Signale k3, k2, k1, k0 werden durch die Knopfsignale kT3, kT2, kT1, kT0 gesetzt. (Programmzeilen 120 bis 150 auf Seite 100).

2. Die Signale k2h, k2s, k1h, k1s werden durch die Knopfsignale kT2h, kT2s, kT1h, kT1s gesetzt. (Programmzeilen 152 bis 158).

3. Die Signale k3, k2, k1, k0 werden gelöscht, wenn der Fahrstuhl am Fahrziel angekommen ist. Es werden also gelöscht: k3 durch x3 , k2 durch x2 , k1 durch x1 , k0 durch x0. (Programmzeilen 320 bis 350).

4. Die Signale k2h, k1h werden gelöscht, wenn der Fahrstuhl in Station 2 bzw. 1 angekommen ist und wenn er dort auch tatsächlich hält. Der Fahrstuhl hält dort jedoch nur, wenn Senken nicht im Vorrang ist. Daher werden gelöscht:
k2h durch (x2 AND NOT ysv) , k1h durch (x1 AND NOT ysv) .
(Programmzeilen 352 und 354).

5. Die Signale k2s, k1s werden gelöscht, wenn der Fahrstuhl in Station 2 bzw. 1 angekommen ist und wenn er dort auch tatsächlich hält. Der Fahrstuhl hält dort jedoch nur, wenn Heben nicht im Vorrang ist. Daher werden gelöscht:
k2s durch (x2 AND NOT yhv) , k1s durch (x1 AND NOT yhv) .
(Programmzeilen 356 und 358).

6. Die Hebesignale yh3, yh2, yh1 werden gesetzt, wenn für die dritte, zweite bzw. erste Station ein Knopf als Fahrziel gedrückt wurde und der Fahrstuhl unter dem Fahrziel ist. (Programmzeilen 160 bis 180).

7. Die Senksignale ys2, ys1, ys0 werden gesetzt, wenn für die zweite, erste bzw. nullte Station ein Knopf als Fahrziel gerdrückt wurde und der Fahrstuhl über dem Fahrziel ist. (Programmzeilen 190 bis 210).

8. Die Signale yh3, yh2, yh1, ys2, ys1, ys0 werden gelöscht, wenn der Fahrstuhl an der Station angekommen ist, die für das Signal Fahrziel ist. Es werden also gelöscht. (Programmzeilen 220 bis 270):
yh3 durch x3 , yh2 durch x2 , yh1 durch x1 ,
ys2 durch x2 , ys1 durch x1 , ys0 durch x0 .

9. Das Halten des Fahrstuhles wird dadurch bewirkt, daß der Rechner in die Programmzeile 500 springt und yh und ys Null macht für die Dauer einer vorgegebenen Sekundenzahl (im Programm 5 Sekunden). S nach der Zeile 500 liest die Sekunden der in den Rechner eingebauten Uhr ab. S durchläuft zyklisch die Zahlen S = 0, 1, 2, . . . 58, 59 (s. Seite 28). In Zeile 510 wird das Weiterspringen der Zahl S gezählt. Die Anzahl der Sprünge ist SS. Der Fahrstuhl soll in den folgenden Fällen halten:

Der Fahrstuhl soll in den Endstationen 0 und 3 halten, wenn er dort ankommt und die Stationen Fahrziele sind. (Programmzeilen 280 und 290).

Der Fahrstuhl soll in Station 2 halten, wenn er dort ankommt und außerdem
   a) im Fahrkorb der Knopf ② gedrückt wurde, (oder/und)
   b) in Station 2 ⬆ gedrückt wurde und Senken nicht im Vorrang ist,
   c) in Station 2 ⬇ gedrückt wurde und Heben nicht im Vorrang ist.
In allen drei Fällen ist die IF-Bedingung in Programmzeile 300 erfüllt.

Der Fahrstuhl soll in Station 1 halten, wenn er dort ankommt und außerdem
   a) im Fahrkorb der Knopf ① gedrückt wurde, (oder/und)

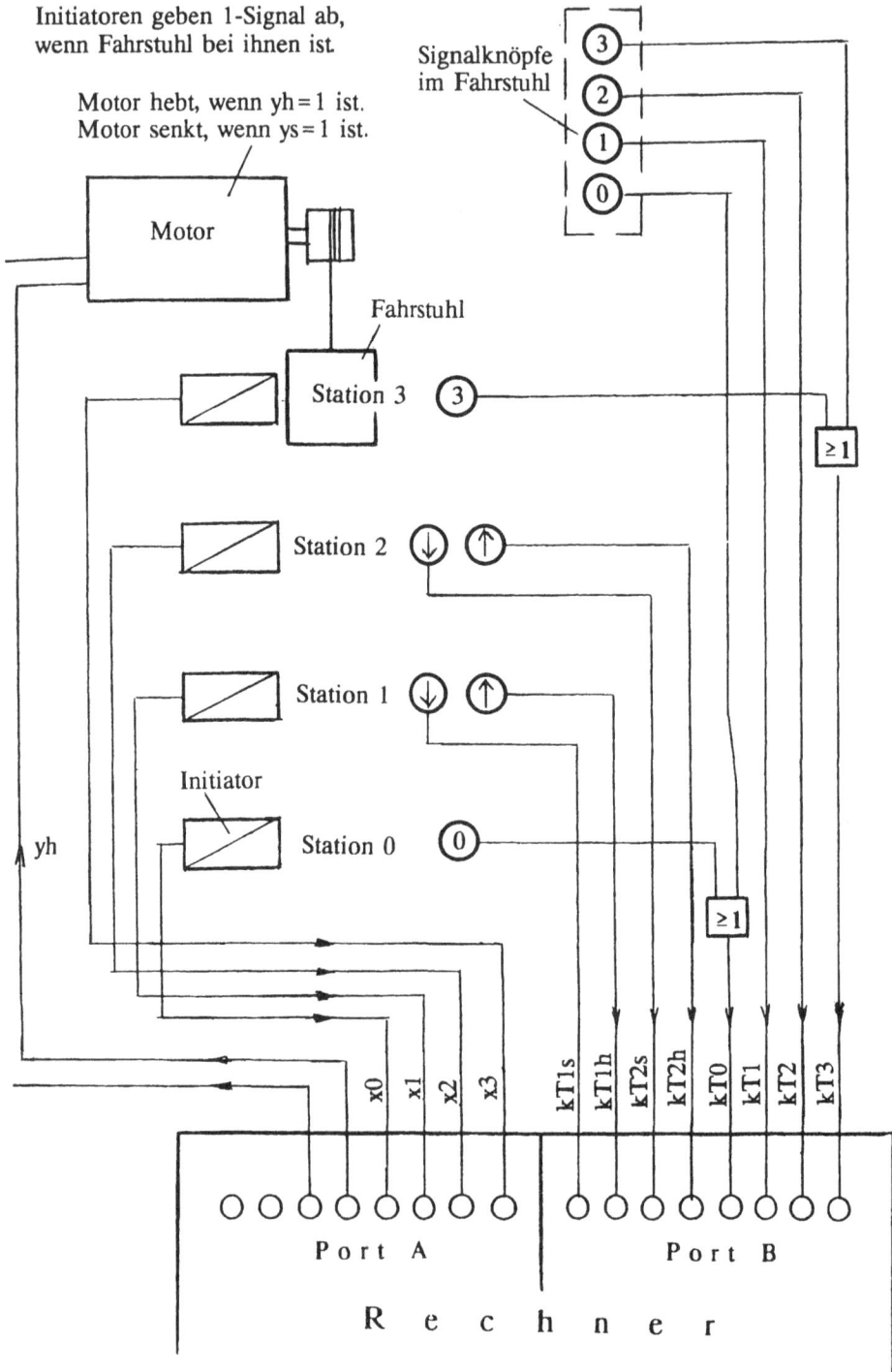

Bild 44. Fahrstuhlsteuerung für ein vierstöckiges Büro- oder Wohnhaus.

b) in Station 1 (↑) gedrückt wurde und Senken nicht im Vorrang ist,
c) in Station 1 (↓) gedrückt wurde und Heben nicht im Vorrang ist.
In allen drei Fällen ist die IF-Bedingung in Programmzeile 310 erfüllt.

10. Die Gesamtsignal-Bildungen Programmzeilen 360 und 370 und die Vorranglogik Programmzeilen 380 und 390 entsprechen der logischen Schaltung Bild 42.

Austesten der Fahrstuhlsteuerung. Für einen Programmtest ohne Steuerstrecke wird in der Programmzeile 520 die Zahl 410 durch 120 ersetzt, und außerdem wird das Programm um die folgenden DATA-Zeilen ergänzt:

```
540 DATA -1, 0, 0, 0,    0, 0, 0,-1,    0,-1, 0, 0
545 DATA  0,-1, 0, 0,    0, 0, 0, 0,    0, 0, 0, 0    | Fahrstuhl zwischen den
550 DATA  0, 0, 0, 0,    0, 0, 0, 0,    0, 0, 0, 0    | Stationen
555 DATA  0, 0,-1, 0,    0, 0, 0, 0,    0, 0, 0, 0
560 DATA  0, 0, 0,-1,    0, 0, 0, 0,    0, 0, 0, 0
565 DATA  0, 0,-1, 0,    0, 0, 0, 0,    0, 0, 0, 0
570 DATA  0,-1, 0, 0,    0, 0, 0, 0,    0, 0, 0, 0
```

Es ist also angenommen, daß der Fahstuhl anfangs in Station 0 steht. Gedrückt werden die Signale kT3 und kT1s (siehe Read-Zeile des Programmes und DATA-Zeile 540). Der Fahrstuhl fährt dann zunächst nach der Stationen 3, ohne bei Station 1 zu halten, weil er sich in Hebefahrt befindet und bei Station 1 für Senkfahrt gedrückt ist. In Station 3 hält der Fahrstuhl 5 Sekunden und fährt danach zur Station 1.
Wenn man die Printzeile entsprechend ändert, werden nach dem Programmstart die folgenden Tabellenwerte ausgedruckt. Man erkennt an diesen Werten, daß das Programm die beiden Signale yh und ys tatsächlich so berechnet, daß die beschriebene Bewegung entsteht: Zunächst Heben mit yh = -1, danach Senken mit ys = -1.

x0	x1	x2	x3	kT1s	kT3	yh	ys
-1	0	0	0	-1	-1	-1	0
0	-1	0	0	0	0	-1	0
0	0	0	0	0	0	-1	0
0	0	-1	0	0	0	-1	0
0	0	0	-1	0	0	0	-1
0	0	-1	0	0	0	0	-1
0	-1	0	0	0	0	0	0

Fahrstuhl mit Türinitiatoren. Durch zusätzliche Hardware (siehe Bild 45) wird erreicht, daß der Fahrstuhl nicht fahren kann, wenn eine Tür geöffnet ist. Die von den Türinitiatoren abgegebenen Signale blockieren vermittels zweier UND-Glieder das Hebesignal yh und das Senksignal ys, so daß yh = 0 und ys = 0 sind und der Fuhrstuhl nicht fahren kann, wenn eine Tür geöffnet ist.

Programm für C, Pascal und Basic (Fahrstuhlsteuerung für ein 4-stöckiges Bür₍
                                                                    oder Wohnh₍

```
110 READ x0, x1, x2, x3, kT0, kT1, kT2, kT3, kT1h, kT1s, kT2h, kT2s
120 k3=k3 OR kT3
130 k2=k2 OR kT2                 Speichern der Knopfsignale kT0 bis ₍
140 k1=k1 OR kT1                 k0, k1, k2, k3 sind die gespeicherten Sig₍
150 k0=k0 OR kT0
152 k2h=k2h OR kT2h
154 k1h=k1h OR kT1h              Speichern der Knopfsignale kT1s bis ₍
156 k2s =k2s OR kT2s             k1s bis k2h sind die gespeicherten Sig₍
158 k1s =k1s OR kT1s
160 yh3 =yh3 OR ((x2 OR x1 OR x0) AND k3)          Setzen der Hebesi₍
170 yh2 =yh2 OR ((x1 OR x0) AND (k2 OR k2h OR k2s))  le, wenn der Korb
180 yh1 =yh1 OR (x0 AND (k1 OR k1h OR k1s))          ter dem Fahrziel
190 ys2 =ys2 OR (x3 AND (k2 OR k2h OR k2s))        Setzen der Sen₍
200 ys1 =ys1 OR ((x3 OR x2) AND (k1 OR k1h OR k1s)) nale, wenn der ₍
210 ys0 = ys0 OR ((x3 OR x2 OR x1) AND k0)          über dem Fahrzie₍
220 yh3=yh3 AND NOT x3
230 yh2=yh2 AND NOT x2           Löschen der Hebesignale yh1 bis yh3 und
240 yh1=yh1 AND NOT x1           Senksignale ys0 bis ys2, wenn der Fahr₍
250 ys2 =ys2 AND NOT x2          an dem Fahrziel angekommen ist.
260 ys1 =ys1 AND NOT x1
270 ys0 =ys0 AND NOT x0
280 IF x3 AND k3 GOTO 500
                                 Sprünge in Warteschleifen, wenn Fahrziele err₍
290 IF x0 AND k0 GOTO 500
300 IF x2 AND (k2 OR (k2h AND NOT ysv) OR (k2s AND NOT yhv)) GOT₍
310 IF x1 AND (k1 OR (k1h AND NOT ysv) OR (k1s AND NOT yhv)) GOT₍
320 k3=k3 AND NOT x3
330 k2=k2 AND NOT x2             Löschen der Signale k3, k2, k1, k0, ₍
340 k1=k1 AND NOT x1             der Korb an dem jeweiligen Fahrziel a
350 k0=k0 AND NOT x0             kommen ist (und Wartezeit abgelaufen is₍
352 k2h=k2h AND NOT (x2 AND NOT ysv )   Löschen der Signale k2h und
354 k1h=k1h AND NOT (x1 AND NOT ysv )   wenn Fahrziel erreicht und ys₍
356 k2s=k2s AND NOT (x2 AND NOT yhv)    Löschen der Signale k2s und
358 k1s=k1s AND NOT (x1 AND NOT yhv)    wenn Fahrziel erreicht und  yh₍
360 yhg =yh3 OR yh2 OR yh1       Zusammenfassen der Hebe- und S₍
370 ysg =ys2 OR ys1 OR ys0       signale zu den Signalen yhg und
380 yhv =yhg AND NOT ysv
                                 Bilden der Vorrangsignale yhv,
390 ysv =ysg AND NOT yhv
400 yh=yhv : ys=ysv
                                 Ausgeben der Signale aus d. Rec₍
410 PRINT yh; ys
420 GOTO 110


500 S=VAL(MID$(TIME$,7,2))
510 IF  ABS(SALT-S)>0.8 THEN SS=SS+1            Erzeugen der Wart₍
520 SALT=S:IF SS< =5 THEN ys=0:yh=0:GOTO 410    von 5 Sekunden
530 SS=0:GOTO 320
```

Initiatoren geben 1-Signal ab,
wenn Fahrstuhl bei ihnen ist.

Motor hebt, wenn yh = 1 ist.
Motor senkt, wenn ys = 1 ist.

Signalknöpfe
im Fahrstuhl

Fahrstuhl

Türinitiator gibt 1-Signal ab,
wenn Tür offen ist.

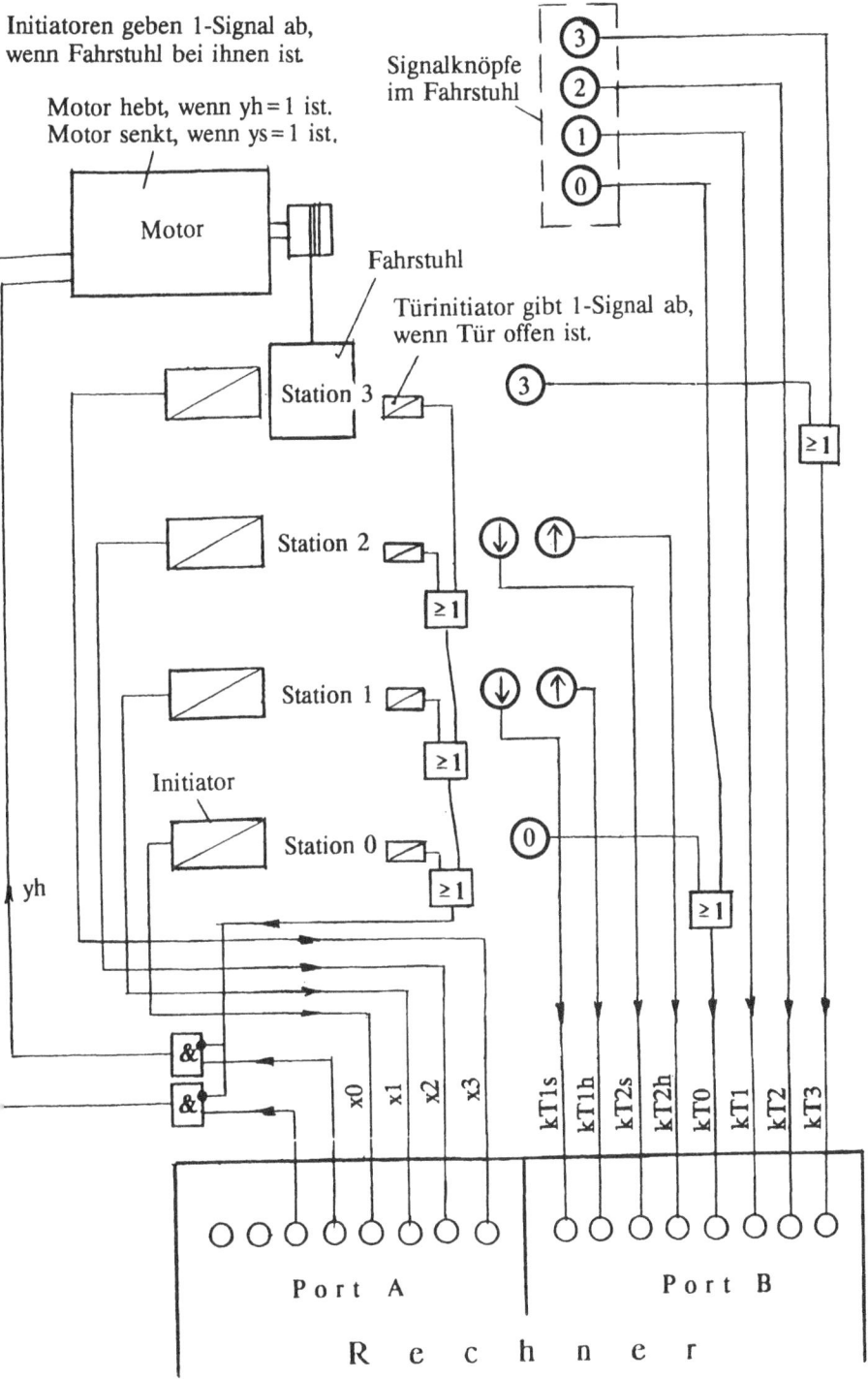

Motor

Station 3

Station 2

Station 1

Initiator

Station 0

yh

Port A

Port B

R e c h n e r

Bild 45. Fahrstuhlsteuerung wie Bild 44 jedoch zusätzlich mit Türinitiatoren.

5. Steuern mit der SPS von Siemens

5.1 Speicherarten

SPS ist die Abkürzung für speicherprogrammierbare Steuerung. Die SPS wird mit einer Art Maschinensprache programmiert, die auf die besonderen Anforderungen der Steuerungstechnik zugeschnitten ist. In das Programm werden nicht die Symbole der Signale (z.B. x, y, EIN, usw.) geschrieben, sondern die Nummern der Speicher, in denen die Signale abgelegt sind. Für Eingangssignale, Ausgangssignale und die übrigen abzuspeichernden Größen stehen die folgenden Speicher zur Verfügung:

Speicher der SPS
Eingangsspeicher: E0.0 bis E0.7 , E1.0 bis E1.7 , E2.0 bis E2.7 und weitere;
Ausgangsspeicher: A0.0 bis A0.7 , A1.0 bis A1.7 , A2.0 bis A2.7 und weitere.
Die Werte, die in den Ausgangsspeichern stehen, werden von der SPS erst am Programmende als elektrische Spannungen ausgegeben.
Merkerspeicher: M0.0 bis M 0.7, M1.0 bis M1.7, M2.0 bis M2.7 und weitere.

In den Speichernummern kommen die Ziffern 8 und 9 nicht vor, weil die Speichernummern Oktalzahlen sind. Außer den genannten drei Speicherarten gibt es noch weitere, von denen jedoch später nur die Zeitglieder (Timer) zur Erzeugung von Verzögerungs- bzw. Wartezeiten benutzt werden.
Die Programmiersprache STEP7 der Siemens-SPS verfügt über die in der folgenden Tabelle angeführten Operationen (Zusammenstellung nicht vollständig). In dieser Zusammenstellung steht xxx stellvertretend für eine Speicheradresse wie z.B. E0.5, M0.3 usw. .

5.2 Anweisungen der Programmiersprache STEP7

U   xxx   UND-Anweisung. Der Wert, der in dem Speicher xxx steht, wird mit UND verknüpft. Der Wert, der in Speicher xxx steht, wird abgefragt.

O   xxx   ODER-Anweisung. Der Wert, der in dem Speicher xxx steht, wird mit ODER verknüpft. Der Wert, der in Speicher xxx steht, wird abgefragt.

UN   xxx   (UND NICHT-Anweisung). Der Wert, der in dem Speicher xxx steht, wird verneint und der verneinte Wert wird mit UND verknüpft. Der Wert, der in Speicher xxx steht, wird abgefragt und verneint (invertiert).

ON   xxx   (ODER NICHT-Anweisung). Der Wert, der in dem Speicher xxx steht, wird verneint, und dann wird der verneinte Wert mit ODER verknüpft. Der Wert, der in Speicher xxx steht, wird abgefragt und verneint.

U(Das Ergebnis des Klammerausdruckes wird mit UND verknüpft.

)   Klammer zu

O   isoliertes O ohne Speicherangabe. Das Berechnungsergebnis der nachfolgenden UND-Verknüpfung wird mit ODER angefügt.

=   xxx   Der vorhandene Wert (der in den vorhergehenden Zeilen durch Abfrage oder Verknüpfungen erhalten wurde) wird in den Speicher xxx hineingeschrieben. Beendung der Verknüpfung.

S   xxx   (set) Wenn der vorhandene Wert (der in der vorhergehenden Zeile durch Abfrage oder Verknüpfung erhalten wurde) 1 ist, wird in den Speicher xxx eine 1 hineingeschrieben. Beendung der Verknüpfung.

R   xxx   (reset) Wenn der vorhandene Wert (der in der vorhergehenden Zeile durch Abfrage oder Verknüpfung erhalten wurde) 1 ist, wird eine 0 in den Speicher xxx hineingeschrieben. Beendung der Verknüpfung.

Beispiel. Bild 46 zeigt das Schema der gewählten Klemmenbelegung der SPS. Aus den vier elektrischen Signalen x0, x1, x2 und x3 soll nach der logischen Gleichung $y = x0 \wedge x1 \wedge x2 \wedge x3$ das Ausgangssignal y gebildet werden. Gesucht ist das Programm, mit dem die SPS programmiert werden muß.

Aufgrund der im Bild dargestellten Klemmenbelegung befinden sich die Signale in den Speichern:

    x0 im Eingangsspeicher E 0.0 ,
    x1   "   "   E 0.1 ,
    x2   "   "   E 0.2 ,
    x3   "   "   E 0.3 ,
    y   im Ausgangsspeicher A 0.3 .

Statt der Signalsymbole x0, x1, x2, x3, und y werden in das Programm die Speichernummern geschrieben, in denen die Signale abgelegt sind. Somit lautet das Programm aufgrund der obigen Definitionen der Anweisungen folgendermaßen:

U   E 0.0
U   E 0.1   Das Programm realisiert die Gleichung
U   E 0.2 $y = x0 \wedge x1 \wedge x2 \wedge x3$
U   E 0.3
=   A 0.3

x0   x1   x2   x3   x4

| 0.0 | 0.1 | 0.2 | 0.3 | 0.4 | 0.5 | 0.6 | 0.7 | 1.0 | 1.1 | 1.2 | 1.3 | 1.4 | 1.5 | 1.6 | 1.7 |

E i n g a n g s s p e i c h e r

S P S

A u s g a n g s s p e i c h e r

| 0.0 | 0.1 | 0.2 | 0.3 | 0.4 | 0.5 | 0.6 | 0.7 | 1.0 | 1.1 | 1.2 | 1.3 | 1.4 | 1.5 | 1.6 | 1.7 |

y

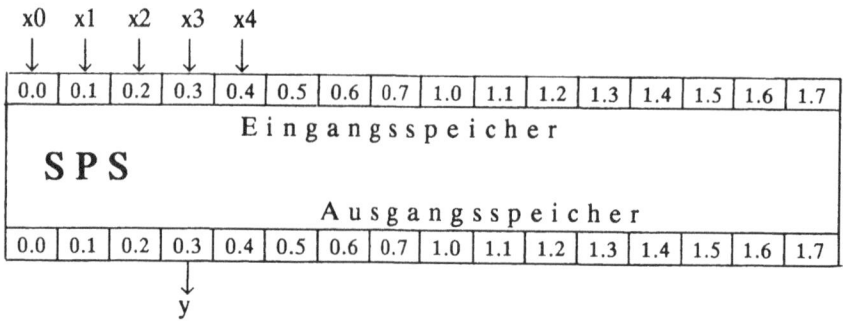

Bild 46. Klemmenbelegung der SPS für die Beispiele der folgenden Tabelle.

Weitere Beispiele zur Verdeutlichung der Programmierung sind in der folgenden Tabelle aufgeführt (Klemmenbelegung nach Bild 46):

STEP7-Programm		Vom Programm realisierte Gleichung
U	E0.0	
U	E0.1	$y = x0 \wedge x1$
=	A0.3	
O	E0.0	
O	E0.1	$y = x0 \vee x1$
=	A0.3	
U(		
O	E0.3	
O	E0.0	$y = (x3 \vee x0) \wedge x4$
)		
U	E0.4	
=	A0.3	
U(		
O	E0.0	
O	E0.2	
)		
U(		$y = (x0 \vee x2) \wedge (\overline{x1 \vee x4})$
ON	E0.1	
O	E0.4	
)		
=	A0.3	

UN	E0.4	
U(		
O	E0.2	$y = \overline{x4} \wedge (x2 \vee x1)$
O	E0.1	
)		
=	A0.3	

U	E0.0	Das Programm realisiert die Gleichung
U	E0.1	$y = (x0 \wedge x1) \vee (x3 \wedge \overline{x2})$. Da die Verabredung UND vor
O		ODER getroffen wird [1]), kann man die Gleichung so
U	E0.3	schreiben: $y = x0 \wedge x1 \vee x3 \wedge \overline{x2}$. Das Programm ent-
UN	E0.2	entspricht offensichtlich weitgehend der rechten Seite
=	A0.3	dieser Gleichung.

U	E0.3	Wenn x3 = 1 ist, wird der Speicher M0.5 gesetzt;
S	M0.5	wenn x3 = 0 ist, bleibt M0.5 ungeändert.

U	E0.3	Wenn x3 = 1 ist, wird der Speicher M0.5 gelöscht;
R	M0.5	wenn x3 = 0 ist, bleibt M0.5 ungeändert

O	E0.0	Wenn x0 ∨ x2 = 1 ist, wird der Speichewr M0.5 gesetzt;
O	E0.2	wenn x0 ∨ x2 = 0 ist, bleibt M0.5 ungeändert.
S	M0.5	

U	E0.3	Von dem Programm werden 3 Dinge realisiert:
=	A0.3	Zeilen 1 und 2 : y = x3,
S	M1.5	Zeilen 1 und 3 : Speicher M1.5 wird von x3 gesetzt,
O	E0.2	Zeilen 4, 5 und 6 : In den Speicher M 1.4 wird der
O	E0.0	Wert x2 ∨ x0 hineingeschrieben.
=	M1.4	

U	E0.2	Wenn x2 = 1 ist und in Speicher M0.5 der Wert 1
U	M0.5	steht, werden Speicher M0.6 gesetzt und Speicher
S	M0.6	M0.7 gelöscht.
R	M0.7	

U	E0.0	Von dem Programm werden zwei getrennte Opera-
U	E0.3	tionen ausgeführt:
=	A0.3	$y = x0 \wedge x3$
U	E0.4	
=	M0.4	In Speicher M0.4 wird x4 hineingeschrieben.

[1]) Nur hier bei der Siemens-SPS wird diese Verabredung getroffen.

Nach dem Programmstart springt die SPS ohne Sprunganweisung von allein von der letzten Programmzeile zurück in die erste Zeile.

5.3 Übertragung einiger Beispiele auf die Siemens-SPS

Beispiel. Einfache Fahrkorbsteuerung (Übertragung des unteren Programmes von Seite 23 in die Programmiersprache Step7). Der Fahrkorb soll auf Knopfdruck zur anderen Station fahren und dort stehen bleiben. Das Programm der Fahrkorbsteuerung der Seiten 23 bis 25 kann anhand der vorhergehenden Darlegungen leicht Zeile für Zeile in die SPS-Programmiersprache STEP7 umgeschrieben werden. Dafür wird gemäß Bild 47 die folgende Klemmenbelegung gewählt:

Gewählte Klemmenbelegung: xo an Klemme E1.0 ,
                             xu "   "   E1.1 ,
                             xk "   "   E0.7 ,
                             yh "   "   A1.7 ,
                             ys "   "   A1.6 .

Beim Umschreiben der Programme sind u.a. auch die Setz-und Löschanweisungen von der PC-Programmiersprache in die Programmiersprache Step7 zu übersetzen. Für die Zeilen 20 und 25 des Programmes von Seite 25 gilt z.B. (siehe auch Abschnitt 1.6):

Setzanweisung: ys = ys OR (xo AND xk)	ist zu ersetzen durch	U E1.0
		U E0.7
		S A1.6

| Löschanweisung: ys = ys AND NOT xu | zu ersetzen durch | U E1.1 |
| | | R A1.6 |

Lauffähiges Programm (Einfache Fahrkorbsteuerung Bild 47). In den Kommentaren sind die Zeilen des wirkungsgleichen PC-Programmes angegeben.

U	E1.0	Wenn Korb oben ist und Knopf gedrückt wird,
U	E0.7	soll Senken beginnen (Zeile 20 des PC-Program-
S	A1.6	mes S. 25).
U	E1.1	Wenn Korb unten ankommt, soll Senken enden
R	A1.6	(Zeile 25 des PC-Programmes S. 25).
U	E1.1	Wenn Korb unten ist und Knopf gedrückt wird,
U	E0.7	soll Heben beginnen (Zeile 30 des PC-Program-
S	A1.7	mes S. 25).
U	E1.0	Wenn Korb oben ankommt, soll Heben enden
R	A1.7	(Zeile 35 des PC-Programmes S. 25).
BE		Kennzeichnung des Programmendes

Dies ist das komplette STEP7 - Programm. Das Programm wird mit BE abgeschlossen (Abkürzung für Bausteinende).

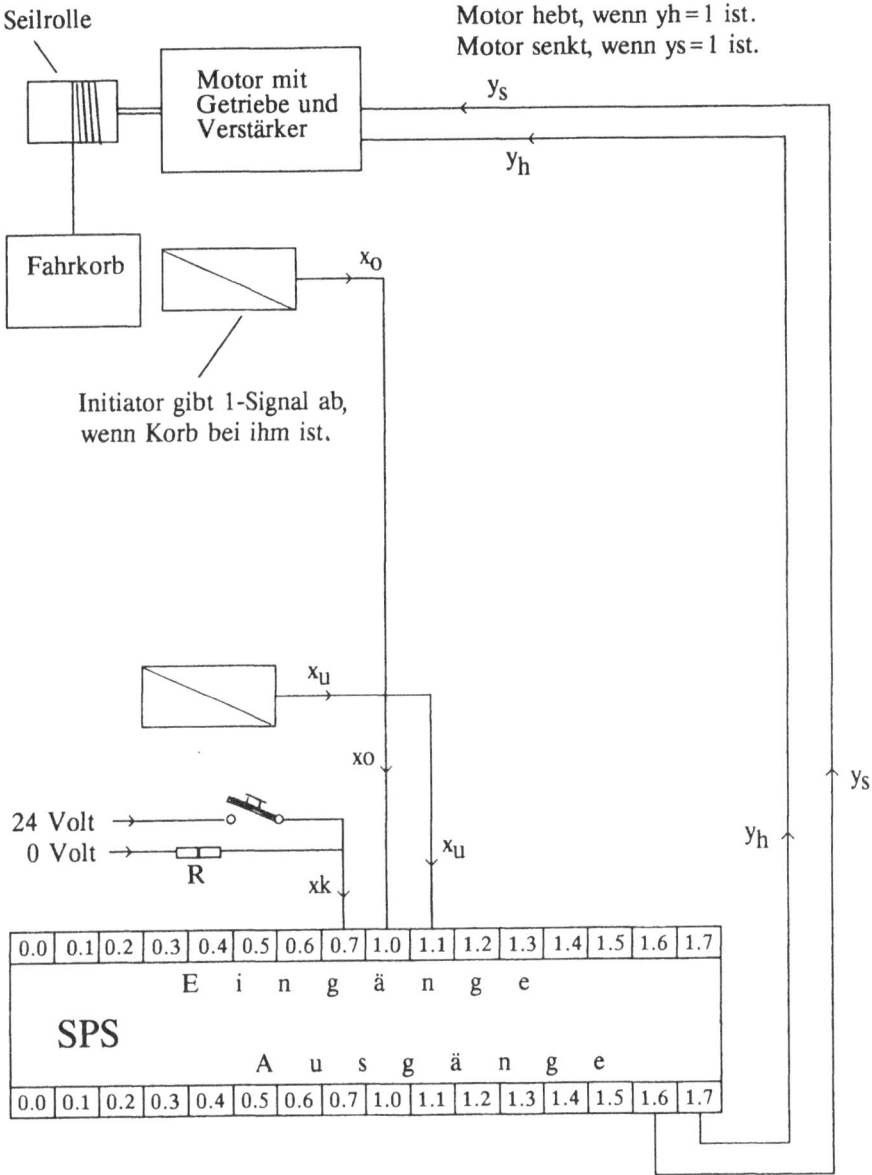

Seilrolle

Motor hebt, wenn $yh = 1$ ist.
Motor senkt, wenn $ys = 1$ ist.

Motor mit Getriebe und Verstärker

y_s

y_h

Fahrkorb

x_0

Initiator gibt 1-Signal ab, wenn Korb bei ihm ist.

x_u

xo

y_s

24 Volt →
0 Volt →
R

x_u

y_h

xk

0.0	0.1	0.2	0.3	0.4	0.5	0.6	0.7	1.0	1.1	1.2	1.3	1.4	1.5	1.6	1.7

E i n g ä n g e

SPS

A u s g ä n g e

0.0	0.1	0.2	0.3	0.4	0.5	0.6	0.7	1.0	1.1	1.2	1.3	1.4	1.5	1.6	1.7

Bild 47. Fahrkorbsteuerung. Wenn der Taster nicht betätigt wird, ist $xk = 0$ Volt = logisch 0. Wenn der Taster betätigt wird, ist $xk = 24$ Volt = logisch 1. Die beiden Initiatoren sind Annäherungsinitiatoren; sie geben 0-Signal ab, wenn der Korb nicht bei ihnen ist. Sie geben 1-Signal ab, wenn der Korb bei ihnen ist. R ohmscher Widerstand.

Beispiel. Ampelsteuerung. Das Programm der Ampelsteuerung von Seite 81 ist in die Programmiersprache STEP7 zu übertragen. Die Funktion der Steuerung ist auf den Seiten 78 und 79 beschrieben. Schaltung nach Bild 48.

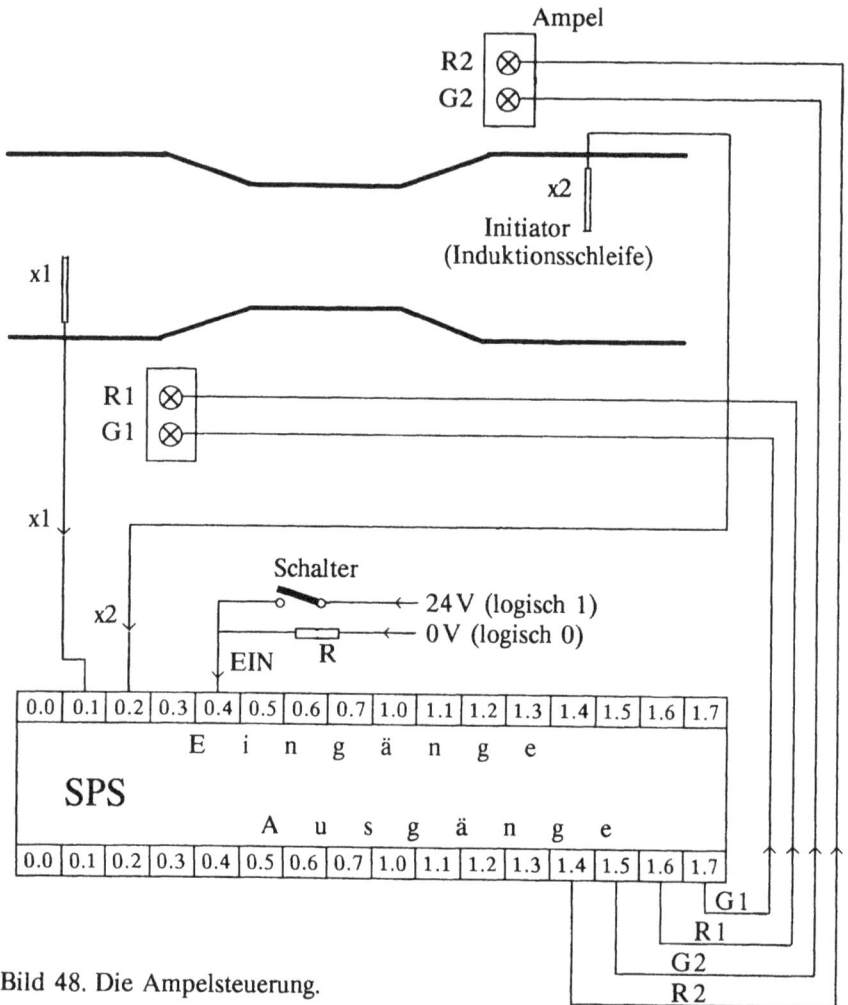

Bild 48. Die Ampelsteuerung.

Gewählte Klemmen- und Speicherbelegung

x1	E0.1	M0	M0.0
x2	E0.2	M1	M0.1
EIN	E0.4	M2	M0.2
R1	A1.6	M3	M0.3
G1	A1.7	M4	M0.4
R2	A1.4	M5	M0.5
G2	A1.5	M6	M0.6
		M7	M0.7

Das folgende SPS-Programm kann wieder durch Übertragen des PC-Programmes (von Seite 81) erhalten werden *oder auch direkt aus dem Funktionsplan Bild 36* (auf Seite 80) hergeleitet werden. In dem folgenden Programm werden die vier Timer T1, T2, T3 und T4 verwendet zur Erzeugung der 8 bzw. 15 Sekunden dauernden Ampelphasen. Die Programmierung der Timer ist auf der nächsten Seite erläutert.

Lauffähiges Programm (Ampelsteuerung, Zeilennummern von Seite 81)

Setzen M0 bei Programmstart [1])

UN	M0.7	M0 wird 1 gesetzt
S	M0.7	beim Programm-
S	M0.0	start, Zeile 10

Setzen der Schrittlabel

U	M0.0	Setzen M1
U	E0.1	Zeile 16
S	M0.1	
U	M0.6	
U(		
O	E0.1	Setzen M1
ON	E0.4	Zeile 18
)		
S	M0.1	
U	M0.0	
U	E0.2	Setzen M2
UN	M0.1	Zeile 20
S	M0.2	
U	M0.5	
U(		
O	E0.2	Setzen M2
ON	E0.4	Zeile 22
)		
S	M0.2	
U	M0.1	
L	W#16#2008	
SI	T1	Setzen M3
UN	T1	Zeilen 24+26
U	M0.1	
U	E0.4	
S	M0.3	
U	M0.2	
L	W#16#2008	
SI	T2	Setzen M4
UN	T2	Zeilen 28+30
U	M0.2	
U	E0.4	
S	M0.4	

U	M0.3	
L	W#16#2015	
SI	T3	Setzen M5
UN	T3	Zeilen 32+34
U	M0.3	
S	M0.5	
U	M0.4	
L	W#16#2015	
SI	T4	Setzen M6
UN	T4	Zeilen 36+38
U	M0.4	
S	M0.6	

Löschen der Schrittlabel

O	M0.1	Löschen M0
O	M0.2	Zeile 40
R	M0.0	
U	M0.3	Löschen M1
R	M0.1	Zeile 42
U	M0.4	Löschen M2
R	M0.2	Zeile 44
U	M0.5	Löschen M3
R	M0.3	Zeile 46
U	M0.6	Löschen M4
R	M0.4	Zeile 48
U	M0.2	Löschen M5
R	M0.5	Zeile 50
U	M0.1	Löschen M6
R	M0.6	Zeile 52

1) Beim Programmstart löscht die SPS den Speicher M0.7 (wie alle Speicher). In Zeile 2 wird M0.7 gesetzt und später nie wieder gelöscht. Dadurch wird M0 in Zeile 3 nur ein einziges Mal gesetzt (Einschaltwisch).

Bilden der Stellgr. R1 und R2		
O	M0.0	
O	M0.1	Signal R1
O	M0.2	erzeugen,
O	M0.4	Zeile 54
O	M0.6	
=	A1.6	
O	M0.0	
O	M0.1	Signal R2
O	M0.2	erzeugen,
O	M0.3	Zeile 56
O	M0.5	
=	A1.4	

Bilden der Stellgr. G1 und G2		
O	M0.3	Signal G1
O	M0.5	erzeugen,
=	A1.7	Zeile 58
O	M0.4	Signal G2
O	M0.6	erzeugen,
=	A1.5	Zeile 60
BE		

Erläuterung der Timer-Programmierung.

Von den zahlreichen Operationen, die mit dem Timer möglich sind, wird hier nur die Erzeugung von Verzögerungszeiten (Wartezeiten) genutzt. Die SPS hat mehrere Timer, die mit T1, T2, T3 usw. bezeichnet werden. Das zu verzögernde Signal wird mit UND abgefragt und mit = ausgegeben (oder anderweitig verarbeitet). Zwischen diese beiden Anweisungen werden vier Zeilen geschoben, die die Verzögerung hervorrufen. Wenn z.B. ein Signal, das in den Speicher E0.5 gegeben wurde, 15 Sekunden später am Ausgang A0.2 auftreten soll, lautet das Programm, welches dies bewirkt, folgendermaßen:

U	E0.5	Das zu verzögernde Signal wird abgefragt.
L	W#16#2015	Modus des Timers und Größe der Zeit werden festgelegt.
SI	T1	
UN	T1	Der Timer T1 wird abgefragt
U	E0.5	Wenn E0.5 Null wird, dann soll auch A0.2 Null werden.
=	A0.2	Das verzögerte Signal wird in den Speicher A0.2 gebracht.

Der 0/1-Übergang wird 15 Sek verzögert. Demgegenüber wird der 1/0- Übergang nicht verzögert, d.h. wenn sich der Wert des Speichers E0.5 von 1 auf 0 ändert, bekommt im selben Augenblick auch der Speicher A0.2 den Wert 0.

In W#16#2015 ist die viertletzte Stelle der Zeitbasis-Schlüssel und die letzten drei Stellen bilden eine Dezimalzahl, die den Zeitfaktor darstellt. Es gilt der folgende Zeitbasis-Schlüssel

    0 = 10 ms   (ms = Millisekunden)
    1 = 100 ms
    2 = 1 s
    3 = 10 s

Demnach bedeutet also W#16#2015 eine Verzögerungszeit von 15 Sekunden.

6. Steuern mit der SPS von Mitsubishi

6.1 Speicherarten

Wie bei der Siemens-SPS gibt es Eingangsspeicher, Ausgangsspeicher und Merkerspeicher. In die Eingangsspeicher werden die Eingangssignale elektrisch hineingegeben, aus den Ausgangsspeichern können die Ausgangssignale als elektrische Spannungen entnommen werden. Die Merkerspeicher sind für die übrigen Größen vorgesehen. Mit den Buchstaben X, Y und M, die den Speichernummern vorangestellt werden, werden die drei Speicherarten gekennzeichnet. Man kann die drei Buchstaben jedoch auch generell fortlassen, weil sich alle Speicher schon durch die Höhe ihre Nummer unterscheiden. Die folgende Aufstellung ist nicht vollständig, weder nach Speicherarten noch nach Speicherzahlen (siehe Firmenangaben).

Speicher der SPS

Eingangsspeicher: X400 bis X407 und X410 bis X413;
Ausgangsspeicher: Y430 bis Y437. **Die Werte, die in den Ausgangsspeichern stehen, werden von der SPS erst am Programmende als elektrische Spannungen ausgegeben.**
Merkerspeicher: M200 bis M377;
Timer (Zeitglied): T50 bis T57 und T450 bis T457 für Zeiten von 0,1 bis 999 Sek und T650 bis T657 für 0,01 bis 99,9 Sek;

6.2 Anweisungen der Programmiersprache (soweit sie hier verwendet werden. Der "Wert" kann im folgenden 0 oder 1 sein.)

LD   xxx   (load). Der Wert, der in Speicher xxx steht, wird in das Rechenwerk geladen. (xxx steht für eine Adresse z.B. M220 usw.)

LDI   xxx   (load invers). Der Wert, der in Speicher xxx steht, wird invertiert und in das Rechenwerk geladen.

OUT   xxx   Der Wert, der im Rechenwerk ist, wird in Speicher xxx gebracht. Dabei bleibt der Wert im Rechenwerk erhalten.

AND   xxx   Der Wert, der im Rechenwerk steht, wird mit dem Wert des Speichers xxx durch UND verknüpft. Das Ergebnis steht wieder im Rechenwerk.

OR   xxx   Der Wert, der im Rechenwerk steht, wird mit dem Wert des Speichers xxx durch ODER verknüpft, das Ergebnis steht wieder im Rechenwerk.

ANI   xxx   Der Wert, der im Rechenwerk steht, wird mit dem Inversen des Speichers xxx durch UND verknüpft. Das Ergebnis steht wieder im Rechenwerk.

ORI   xxx   Der Wert, der im Rechenwerk steht, wird mit dem Inversen des Speichers xxx durch ODER verknüpft, das Ergebnis steht wieder im Rechenwerk.

ANB   Verknüpft die Ergebnisse der beiden vorhergehenden durch LD oder LDI eingeleiteten Operationen durch UND. Das Ergebnis steht im Rechenwerk.

ORB   Verknüpft die Ergebnisse der beiden vorhergehenden durch LD oder LDI eingeleiteten Operationen durch ODER. Das Ergebnis steht im Rechenwerk.

S   xxx   (set). Wenn im Rechenwerk eine 1 ist, wird in den Speicher xxx eine 1 hineingeschrieben. Wenn im Rechenwerk eine 0 ist, bleibt der Speicher xxx ungeändert. (Wert im Rechenw. bleibt erhalten.)

R   xxx   (reset). Wenn im Rechenwerk eine 1 ist, wird in den Speicher xxx eine 0 hineingeschrieben. Wenn im Rechenwerk eine 0 ist, bleibt der Speicher xxx ungeändert. (Wert im Rechenw. bleibt erhalten.)

Beispiel. Bild 49 zeigt ein Schema der Anschlußbelegung der SPS. Aus den elektrischen Signalen x0, x1, x2 und x3 soll nach der logischen Gleichung $y = (x0 \wedge x1 \wedge x2) \vee x3$ das Ausgangssignal y gebildet werden. Gesucht ist das Programm, mit dem die SPS programmiert werden muß. Aufgrund der in Bild 49 dargestellten Klemmenbelegung befinden sich die Signale in den Speichern:

x0 im Eingangsspeicher X400 ,
x1   "   "   X401 ,
x2   "   "   X402 ,
x3   "   "   X403 ,
x4   "   "   X404 ,
y   " Ausgangsspeicher Y430 .

Hiermit und mit den oben definierten Anweisungen bekommt man für $y = (x0 \wedge x1 \wedge 2) \vee x3$ das folgende Programm für die Mitsubishi-SPS.

Lauffähiges Programm (WR ist die Abkürzung für "<u>W</u>ert im <u>R</u>echenwerk".)

LD   X400   x0 wird in das Rechenwerk geladen, so daß WR = x0 ist.
AND   X401   berechnet wird: neuer WR = alter WR $\wedge$ x1 = x0 $\wedge$ x1.
AND   X402   berechnet wird: neuer WR = alter WR $\wedge$ x2 = x0 $\wedge$ x1 $\wedge$ x2.
OR   X403   berechnet wird: neuer WR = alter WR $\vee$ x3 = (x0 $\wedge$ x1 $\wedge$ x2) $\vee$ x3.
OUT   Y430   Der WR wird nach Speicher Y430 gebracht, so daß y = (x0 $\wedge$
END   Programmabschluß mit END.   x1 $\wedge$ x2) $\vee$ x3 ist.

x0 x1 x2 x3 x4

↓ ↓ ↓ ↓ ↓

Bild 49. SPS von Mitsubishi.
Klemmenbelegung für das
Beispiel.

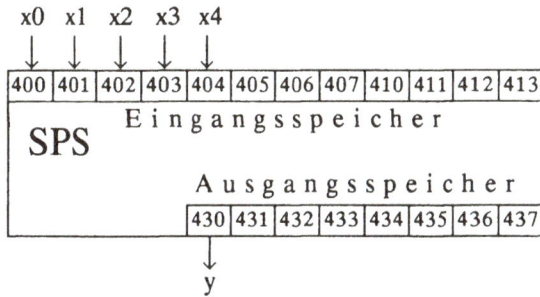

400	401	402	403	404	405	406	407	410	411	412	413

SPS Eingangsspeicher

Ausgangsspeicher

430	431	432	433	434	435	436	437

↓

y

In der folgenden Tabelle sind einige weitere Programmierbeispiele zusammengestellt mit der Klemmenbelegung Bild 49.

SPS-Programm	vom Programm realisierte Gleichung
LD X400 AND X401 OUT Y430	$y = x0 \wedge x1$
LD X400 OR X401 OR X402 OUT Y430	$y = x0 \vee x1 \vee x2$
LDI X400 OR X402 LD X401 OR X404 ANB OUT Y430	$y = (\overline{x0} \vee x2) \wedge (x1 \vee x4)$
LD X400 S M200	Der Speicher M200 wird gesetzt, wenn $x0 = 1$ ist.
LD X400 R M200	Der Speicher M200 wird gelöscht, wenn $x0 = 1$ ist.
LD X403 ANI X401 OUT Y430 S M210 OR X402 R M215	Diese Kommentare beziehen sich auf die Programmzeilen: $y = x3 \wedge \overline{x1}$ wird ausgegeben. M210 wird gesetzt, wenn $x3 \wedge \overline{x1} = 1$ ist. M215 wird gelöscht, wenn $(x3 \wedge \overline{x1}) \vee x2 = 1$ ist.

6.3 Übertragung einiger Beispiele auf die Mitsubishi-SPS

Beispiel. Einfache Fahrkorbsteuerung

Wie im Vorhergehenden gezeigt wurde, können die PC-Programme leicht Zeile für Zeile in SPS-Programme übersetzt werden. Als nächstes soll das PC-Programm von Seite 26 unten (Ein Fahrkorb soll zwischen zwei Stationen hin und her fahren) in ein Programm für die Mitsubishi-SPS übersetzt werden. Dafür wird folgende Klemmenbelegung gewählt:

xo an Klemme X400 ,
xu an Klemme X401 ,
yh an Klemme Y430 ,
ys an Klemme Y431 .

Hiermit erhält man das folgende SPS-Programm.

Lauffähiges Programm (einfache Fahrkorbsteuerung).

LD	X401	Diese beiden Zeilen entsprechen der Programm-Zeile 20.
R	Y431	
LD	X400	Diese beiden Zeilen entsprechen der Programm-Zeile 25.
R	Y430	
LD	X400	Diese beiden Zeilen entsprechen der Programm-Zeile 30.
S	Y431	
LD	X401	Diese beiden Zeilen entsprechen der Programm-Zeile 35.
S	Y430	
END		

Als nächstes soll das Programm erweitert werden, so daß der Fahrkorb an jeder Station 5 Sekunden lang hält, bevor er weiterfährt. Diese Aufgabe entspricht dem PC-Programm von Seite 27. Die Haltezeit wird dadurch erzeugt, daß die 0/1-Übergänge der beiden Signale, die yh und ys setzen, 5 Sekunden verzögert werden. Eine Verzögerung wird mit den folgenden drei Programmzeilen erreicht. Jede Zeile ist kommentiert.

OUT	T450	Das Signal, das im Rechenwerk ist, wird in Timer 450 gegeben.
K	005	Eine Verzögerungszeit von 5 Sekunden wird gewählt.
LD	T450	Der Ausgang des Timers 450 wird abgefragt.

Wirkungsweise des Timers: Wenn in den Timer ein 0 hineingegeben wird, dann wird sein Ausgang in demselben Augenblick Null. Wenn man in den Timer eine 1 hineingibt, dann erscheint die 1 nach der Verzögerungszeit am Ausgang des Timers.

Im vorstehenden Programm wird nun zwischen die Zeilen   LD X401   und S Y430 sowie zwischen LD X400 und   S Y431   je eine Verzögerung von 5 Sekunden eingeschoben, die mit den Timern T450 und T451 erzeugt werden. Es ergibt sich das folgende Programm:

Lauffähiges SPS-Programm (Fahrkorbsteuerung von Seite 27 mit Wartezeit; RW Abkürzung für Rechenwerk

LD	X401	
R	Y431	Löschen der Speicher, in
LD	X400	denen yh und ys stehen.
R	Y430	
LD	X400	Setzsignal für ys (das ist xo) wird in das RW geholt.
OUT	T450	Das Setzen des ys-Speichers Y431
K	005	wird 5 Sekunden verzögert.
LD	T450	
S	Y431	ys-Speicher wird gesetzt.
LD	X401	Setzsignal für yh (das ist xu) wird in das RW geholt.
OUT	T451	Das Setzen des yh-Speichers Y430
K	005	wird 5 Sekunden verzögert.
LD	T451	
S	Y430	yh-Speicher wird gesetzt.
END		

Beispiel. Schlittensteuerung Bild 50

Als Beispiel einer Ablaufsteuerung soll das PC-Programm von Seite 41 in ein Programm für die Mitsubishi-SPS umgeschrieben werden. Die SPS von Mitsubishi hat zwar eine besondere Möglichkeit für die Programmierung von Ablaufsteuerungen; jedoch soll davon hier nicht Gebrauch gemacht werden und die in diesem Buch beschriebene allgemeine Methode angewendet werden. In dem vorliegenden Beispiel wird die in Bild 50 wiedergegebene Klemmen- bzw. Speicherbelegung gewählt:

x0	an Klemme (Speicher)	X403		M0	in Speicher	M200
x1	"	"	X402	M1	"	"	M201
x2	"	"	X401	M2	"	"	M202
x3	"	"	X400	M3	"	"	M203
EIN	"	"	X404	M4	"	"	M204
yh	an Klemme (Speicher)	Y435		Einschaltwisch		M220
ys	"	"	Y436			

Beim Programmstart werden von allein zunächst alle Merker (und Ausgangsspeicher) gelöscht. Daher kann man mit den folgenden drei Zeilen M0 einmal beim Programmstart setzen (also M0 den Wert logisch 1 geben).

LDI	M220	Beim Programmstart wird eine 1 in das RW geholt.
S	M200	M200 (also Label M0) wird nach Programmstart gesetzt.
S	M220	Merker M220 wird gesetzt (1 gemacht) und nie wieder gelösch, so daß M0 in der vorhergehenden Zeile nur beim ersten Programmdurchlauf gesetzt wird.

Initiator gibt
1-Signal ab, wenn
Schlitten bei ihm ist.

Lagerung der Spindel

x3

Gewindespindel

x2

Schlitten (Werkzeugträger)

x1

x0

Schlitten hebt, wenn yh = 1 ist.
Schlitten senkt, wenn ys = 1 ist.

Antriebsmotor mit Getriebe,
Verstärker und Anpassung

yh

ys

R   ← 0 Volt (0-Signal)

← 24 Volt (1-Signal)

EIN

400	401	402	403	404	405	406	407	410	411	412	413

E i n g a n g s s p e i c h e r

SPS

A u s g a n g s s p e i c h e r

430	431	432	433	434	435	436	437

ys

yh

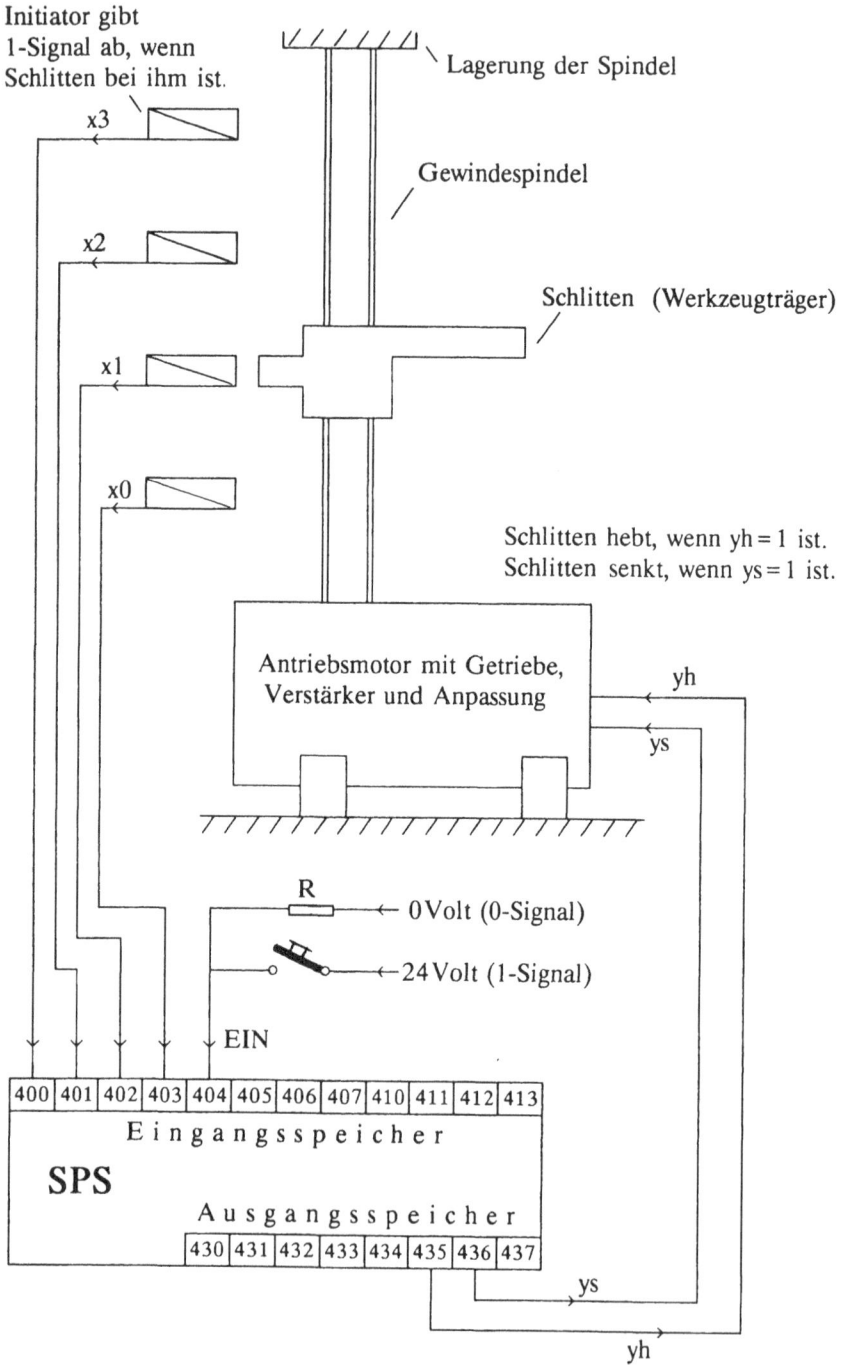

Bild 50. Steuerung des Maschinenschlittens mit der SPS von Mitsubishi.
Vergleiche hierzu die Steuerung mit PC von Seite 39.

Lauffähiges Programm. Die in den Kommentaren angegebenen Zeilennummern beziehen sich auf das wirkungsgleiche PC-Programm von Seite 41 oben.

Setzen M0 beim Progr.-Start

LDI	M220	Zeile 10
S	M200	Setzen M0
S	M220	bei Start [1])

Setzen der Schrittlabel

LD	M204	Zeile 20
AND	X403	Setzen M0
S	M200	
LD	M200	Zeile 25
AND	X404	Setzen M1 [2])
ANI	M204	
S	M201	
LD	M201	Zeile 30
AND	X400	Setzen M2
S	M202	
LD	M202	Zeile 35
AND	X402	Setzen M3
S	M203	
LD	M203	Zeile 40
AND	X401	Setzen M4
S	M204	

Löschen der Schrittlabel

LD	M201	Zeile 45
R	M200	Löschen M0
LD	M202	Zeile 50
R	M201	Löschen M1
LD	M203	Zeile 55
R	M202	Löschen M2
LD	M204	Zeile 60
R	M203	Löschen M3
LD	M200	Zeile 65
R	M204	Löschen M4

Bilden und Ausgeben der Stellgrößen

LD	M201	Zeilen 70, 80
OR	M203	Bilden und Aus-
OUT	Y435	geben von yh
LD	M202	Zeilen 75, 80
OR	M204	Bilden und Aus-
OUT	Y436	geben von ys
END		

[1]) Beim Starten des Programmes muß das Label M0 gesetzt werden entsprechend der Zeile 10 des Basic-Programmes von Seite 41 oben. Die Zeile 10 wird in dem Basic-Programm nur ein einziges Mal durchlaufen beim Programmstart, indem von der Zeile 85 in die Zeile 15 zurückgesprungen wird. Da das SPS-Programm grundsätzlich in seine erste Programmzeile zurückspringt, wird M0 nach dem Programmstart mit den wiedergegebenen drei Programmzeilen gesetzt, deren Wirkungsweise auf Seite 115 erläutert ist.

[2]) Die Zeile ANI M204 bewirkt, daß M1 erst gesetzt wird, wenn zuvor M4 gelöscht worden ist (Siehe Regel von Seite 54 und Tabelle Seite 125). Dadurch wird verhindert, daß während desselben Programmdurchlaufes sowohl M0 als auch M1 gesetzt werden kann. Ohne die Zeile ANI M204 würde folgendes geschehen: Wenn man den EIN-Knopf konstant drückt, wird nach dem Setzen von M0 sofort noch während desselben Programmdurchlaufes M1 gesetzt und M0 gelöscht. Wenn der Rechner nun zu den beiden Zeilen kommt, die M4 löschen sollen, wird das Löschen nicht ausgeführt, weil M0 = 0 ist, d.h. M4 wird niemals gelöscht. Dieses Fehlverhalten wird verhindert, indem man dafür sorgt, daß während eines Programmdurchlaufes immer nur ein (ein) Schrittlabel gesetzt wird.

7. Anhang

7.1 Boole-Algebra

Überraschenderweise kann man mit den beiden Symbolen ∨ und ∧ nach fast genau denselben Regeln rechnen, die für + und · (plus und mal) gelten. Zunächst sollen diese Regeln zusammengestellt werden. Die Beweise werden unten nachgeholt.

Kommutatives Gesetz (Vertauschungsgesetzt)

$$x1 \wedge x2 = x2 \wedge x1 \; , \tag{1}$$
$$x1 \vee x2 = x2 \vee x1 \; . \tag{2}$$

Entsprechende Beispiele aus der Schulalgebra sind:

$$3 + 5 = 5 + 3 \; ,$$
$$3 \cdot 5 = 5 \cdot 3 \; .$$

Assoziatives Gesetz (Zusammenfassungsgesetz)

$$x1 \wedge x2 \wedge x3 = (x1 \wedge x2) \wedge x3 = x1 \wedge (x2 \wedge x3) \; , \tag{3}$$
$$x1 \vee x2 \vee x3 = (x1 \vee x2) \vee x3 = x1 \vee (x2 \vee x3) \; . \tag{4}$$

Entsprechende Beispiele aus der Schulalgebra sind:

$$3 \cdot 5 \cdot 6 = (3 \cdot 5) \cdot 6 = 3 \cdot (5 \cdot 6) \; ,$$
$$3 + 5 + 6 = (3 + 5) + 6 = 3 + (5 + 6) \; .$$

Es gilt also die Regel: Wenn in einem Ausdruck nur UND oder nur ODER vorkommt, kann man beliebig Klammern setzen oder fortlassen. Als Schaltung kann man die erste Gleichungen (3) (und entsprechend Gleichung (4)) auch so darstellen:

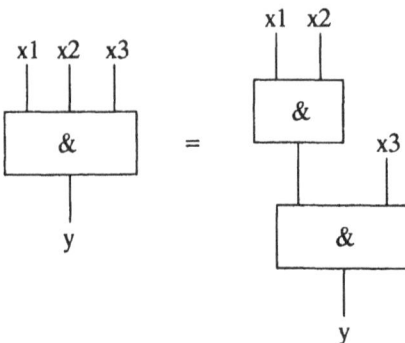

Distributives Gesetz (Verteilungsgesetz)

Unter Distributiv-Gesetz versteht man die folgende Formel, in der die Zeichen ∘ und □ irgend zwei Operationen bedeuten:

x1 ∘ (x2 □ x3) = (x1 ∘ x2) □ (x1 ∘ x3) .

Wenn man in dieser Gleichung ersetzt:

∘ durch ∧ sowie □ durch ∨ , so ergibt sich Formel (5) ,
∘ durch ∨ sowie □ durch ∧ , so ergibt sich Formel (6) ,
∘ durch + sowie □ durch · , so ergibt sich Formel (7) ,
∘ durch · sowie □ durch + , so ergibt sich Formel (8) .

Auf diese Weise erhält man für die Boole-Algebra die beiden Distributiv-Gesetze

$$x1 \wedge (x2 \vee x3) = (x1 \wedge x2) \vee (x1 \wedge x3) , \tag{5}$$
$$x1 \vee (x2 \wedge x3) = (x1 \vee x2) \wedge (x1 \vee x3) , \tag{6}$$

und die entsprechenden Gesetze der Schulalgebra lauten

$$3 + (4 \cdot 6) = (3 + 4) \cdot (3 + 6) , \quad \text{falsch} \tag{7}$$
$$3 \cdot (4 + 6) = (3 \cdot 4) + (3 \cdot 6) . \tag{8}$$

Die beiden Gleichungen (5) und (6) gehen durch Vertauschen von ∧ mit ∨ auseinander hervor. Ebenso gehen die beiden Gleichungen (7) und (8) durch Vertauschen von + mit · auseinander hervor. Unten wird gezeigt werden, daß die Gleichungen (5) und (6) beide richtig sind. Wie man durch Nachrechnen leicht bestätigt, ist von den beiden Gleichungen (7) und (8) dagegen nur eine richtig. Hier ist die Boole-Algebra also einfacher als die Schulalgebra, weil in der Boole-Algebra das Distributiv-Gesetz immer richtig ist, wohingegen in der Schulalgebra die beiden Fälle (7) und (8) unterschieden werden müssen. Bis hierher brauchte der Leser also noch nichts Neues zu lernen. Zu dem folgenden Satz von de Morgan gibt es allerdings keine Entsprechung in der Schulalgebra.

Satz von de Morgan

Die Verneinung eines Ausdruckes wird gebildet, indem man alle Verneinungen in Bejahungen, alle Bejahungen in Verneinungen, alle UND in ODER sowie alle ODER in UND umwandelt.

Um ein Beispiel anzuführen, sei als Ausdruck, von dem in dem Satz die Rede ist, gewählt

$$y = x1 \wedge (\overline{x2} \vee x3) . \tag{9}$$

Dann behauptet der Satz von de Morgan, daß für die Verneinung von y gilt:

$$\overline{y} = \overline{x1} \lor (x2 \land \overline{x3}) \ . \tag{10}$$

Einige weitere Formeln

Als letztes seien noch die folgenden zehn oft nützlichen Formeln angeführt:

$$\left.\begin{array}{ll}
x \land 1 = x \ , & x \land 0 = 0 \ , \\
x \lor 1 = 1 \ , & x \lor 0 = x \ , \\
x \land x = x \ , & x \land \overline{x} = 0 \ , \\
x \lor x = x \ , & x \lor \overline{x} = 1 \ , \\
x1 \land (x1 \lor x2) = x1 \ , & x1 \lor (x1 \land x2) = x1 \ .
\end{array}\right\} \tag{11}$$

Beweis der Formeln

Die Formeln (1) und (2) besagen einfach, daß man bei einem UND-Glied und ebenso bei einem ODER-Glied die Eingangssignale vertauschen darf. Die Formeln (3) und (4) bedürfen auch wohl keines Beweises. Die Formel (5) kann man am einfachsten mit Hilfe der nachfolgenden Wahrheitstabelle beweisen. In den ersten drei Spalten der Tabelle sind die 8 möglichen Kombinationen der drei Variablen x1, x2, x3 aufgeführt. Dann werden der Reihe nach die in der Kopfzeile der Tabelle angegebenen logischen Verknüpfungen berechnet. Auf diese Weise erhält man in der viertletzten und in der letzten Spalte der Tabelle die linke und die rechte Seite der Gleichung (5). Wie man sieht, ergeben sich in diesen beiden Spalten die gleichen Werte. Daher ist die Gleichung (5) richtig.

				linke Seite von (5)			rechte Seite von (5)
x1	x2	x3	x2 $\lor$ x3	x1 $\land$ (x2 $\lor$ x3)	x1 $\land$ x2	x1 $\land$ x3	(x1 $\land$ x2) $\lor$ (x1 $\land$ x3)
0	0	0	0	0	0	0	0
0	0	1	1	0	0	0	0
0	1	0	1	0	0	0	0
0	1	1	1	0	0	0	0
1	0	0	0	0	0	0	0
1	0	1	1	1	0	1	1
1	1	0	1	1	1	0	1
1	1	1	1	1	1	1	1

Auf dieselbe Weise kann man mit Hilfe einer Wahrheitstabelle die anderen oben aufgeführten Formeln (6), (10) und (11) beweisen.

7.2 Herleitung der Setzanweisungen des Programmes Seite 90 der Paket-Zähleinrichtung

Die im ersten Absatz der Seite 88 erhaltenen Teil-Setzsignale des Label M0 sind durch ODER zu verknüpfen. Mit Hilfe des Distributiv-Gesetzes der Boole-Algebra und dem Satz von de Morgan erhält man dann:

$$(M1 \wedge \overline{x1} \wedge \overline{x2}) \vee (M2 \wedge \overline{x1} \wedge \overline{x2}) = (M1 \vee M2) \wedge (\overline{x1} \wedge \overline{x2}) = \underline{\hspace{2cm}}$$
$$= (M1 \vee M2) \wedge (x1 \vee x2) \, .$$

Die Setzanweisung für M0 lautet somit in Basic-Schreibweise:

M0 = M0 OR ((M1 OR M2) AND NOT (x1 OR x2)) .

Sie ist in der Zeile 20 des Programmes von Seite 90 aufgeführt.

Für das Setzsignal des Label M1 liest man aus Bild 41 ab:

In der rechten Schleife $(M0 \wedge x1 \wedge x2)$,
in der linke Schleife $(M2 \wedge x1 \wedge x2)$.

Durch Zusammenfassen mit ODER folgt hieraus das Setzsignal

$(M0 \wedge x1 \wedge x2) \vee (M2 \wedge x1 \wedge x2)$,

das durch Ausklammer von $x1 \wedge x2$ wie folgt vereinfacht wird:

$$(M0 \wedge x1 \wedge x2) \vee (M2 \wedge x1 \wedge x2) = (M0 \vee M2) \wedge (x1 \wedge x2) =$$
$$= (M0 \vee M2) \wedge x1 \wedge x2 \, .$$

Somit hat Label M1 die Setzanweisung Programmzeile 25 von Seite 90:

M1 = M1 OR ((M0 OR M2) AND x1 AND x2) .

Schließlich liest man aus Bild 41 als Setzsignale des Label M2 ab:

In der linken Schleife $M0 \wedge \overline{x1} \wedge x2$,
In der rechten Schleife $M1 \wedge \overline{x1} \wedge x2$.

Auf demselben Weg wie oben folgt hieraus das Setzsignal

$$(M0 \wedge \overline{x1} \wedge x2) \vee (M1 \wedge \overline{x1} \wedge x2) = (M0 \vee M1) \wedge (\overline{x1} \wedge x2) =$$
$$= (M0 \vee M1) \wedge \overline{x1} \wedge x2 \, .$$

Damit bekommt man die Setzanweisung Programmzeile 30 von Seite 90:

M2 = M2 OR ((M0 OR M1) AND NOT x1 AND x2) .

7.3 Elektrische Ein-und Ausgabe der Signale beim PC

Um nicht zu langatmig zu werden, wird auf den 8-Bit-Rechner von Bild 8
Bezug genommen, der zwei Ports besitzt. Die Speicher des 8-Bit-Rechners
haben alle acht Zellen und in jeder Zelle steht eine 0 oder eine 1 (ein Bit).
Die ca. 30000 Speicher des Rechners sind sämtliche numeriert. Bei dem
Rechner mit 2 Ports hat man zu genau zwei Speichern von außen elektrisch
Zugriff, und zwar sind das die Speicher mit den Nummern 40960 und 40961,
die auch Port B und Port A genannt werden. Jede der insgesamt 16 Zellen
dieser beiden Speicher ist mit einer Buchse c verbunden (siehe Bild 8), über
die man von außen Nullen und Einsen in die Zellen geben kann oder
herausholen kann. Dabei wird die logische Null durch eine Spannung von Null
Volt und die logische 1 durch 5 Volt dargestellt. Jede der Buchsen c kann
sowohl Eingang als auch Ausgang sein. Welche Buchsen Eingänge und welche
Ausgänge sind, richtet sich nach den Zahlen, die in den Richtungsregistern
stehen.

Zu Port A (Speicher 40961) gehört das Richtungsregister 40963 ,
zu Port B (Speicher 40960) gehört das Richtungsregister 40962 .

Jeder 0 im Richtungsregister entspricht eine Eingangsbuchse, jeder 1 im Richtungsregister entspricht eine Ausgangsbuchse. Wenn z. B. im Richtungsregister
40963 die Zahl 10011100 (=156 dezimal) steht, sind die 1. , 2. , 6. und 7.
Buchse (von rechts) des Ports A Eingänge und die anderen Buchsen von Port
A sind Ausgänge, wie das folgende Schema zeigt:

	Ausg.	Eing.	Eing.	Ausg.	Ausg.	Ausg.	Eing.	Eing.
Buchsen von Port A	O	O	O	O	O	O	O	O
Zahl im Rich-tungregister 40963	1	0	0	1	1	1	0	0

Es sei noch darauf hingewiesen, daß die Speicher-Nummern 40960, 40961,
40962 und 40963 rechnerspezifisch sind. Bei einem anderen Rechnertyp sind
sie andere.

Die POKE- und die PEEK-Anweisung. Im Folgenden werden die POKE-
und die PEEK-Anweisung benötigt, die nun kurz erläutert werden sollen. Mit
der POKE-Anweisung kann man ganze positive Zahlen von 00000000=0 bis
11111111=255 in einen Speicher schreiben. Durch die POKE-Anweisung wird
der Zahlenwert, der hinter dem Komma steht, in den Speicher hineingeschrieben, dessen Nummer vor dem Komma steht. Beispielsweise wird durch die
Basic-Anweisung

10 POKE 40963,156

der Zahlenwert 156 in den Speicher 40963 hineingeschrieben. In dem Speicher
40963 steht dann die Zahl $10011100 = 156$.

Mit der PEEK-Anweisung kann man einen Zahlenwert aus einenm Speicher
herausholen und einer Variablen zuordnen. Dabei bleibt der Zahlenwert in
dem Speicher erhalten. Beispielsweise wird durch die Basic-Anweisung

10 x = PEEK(40961)

der Variablen x der Wert zugewiesen, der in Speicher 40961 steht.

Logische Verknüpfung von 8-Bit-Zahlen. Bei der logischen Verknüpfung
von zwei 8-Bit-Zahlen werden die untereinander liegenden Bit logisch verknüpft. Beispielsweise berechnet sich die UND-Verknüpfung der beiden Zahlen
$156 = 10011100$ und $217 = 11011001$ folgendermaßen:

$$
\begin{array}{ll}
10011100 & = 156 \\
\underline{11011001} & = 217 \\
10011000 & = 152
\end{array}
$$

Das Ergebnis ist also 156 AND $217 = 152$.

Anwendung auf Ein- und Ausgabe elektrischer Signal. Nun sollen noch
die Anweisungen besprochen werden, mit denen die Initiatorsignale und die
Stellsignale verarbeitet werden. Um etwas Konkretes vor Augen zu haben, wird
weiterhin das Beispiel Bild 8 der Fahrkorbsteuerung betrachtet. Alle acht
Buchsen von Port A sollen zu Eingänge gemacht werden. Daher muß in das zu
Port A gehörende Richtungsregister 40963 nach den obigen Ausführungen die
Zahl $0000000 = 0$ geschrieben werden. Dies geschieht mit Hilfe der Anweisung

10 POKE 40963,0

Alle acht Buchsen von Port B sollen zu Ausgängen gemacht werden. Daher
wird in das zu Port B gehörende Richtungsregister 40962 die Zahl $11111111 = 255$ geschrieben, was mit der Anweisung

12 POKE 40962,255

geschieht.

Die 8-Bit-Zahl xa, die in den acht Zellen von Port A steht, hat offenbar nach
Bild 8 das Bit-Muster

xa = PEEK(40961) = × × × × × xk xo xu

Hierin bedeutet das Kreuz ×, daß das entsprechende Bit nicht definiert ist, d.h.
man weiß nicht, ob das Bit 0 oder 1 ist, weil die linken 5 Buchsen des Ports A
nicht beschaltet sind. Das Signal xk bekommt man nun beispielsweise folgendermaßen: Man verknüpft xa und die "Maske" $00000100 = 4$ durch UND. Es ergibt
sich aufgrund der Formeln $\times \wedge 0 = 0$, $xk \wedge 1 = xk$, $xo \wedge 0 = 0$, $xu \wedge 0 = 0$ (siehe

Seite 120, Gleichungen (11)):

$$
\begin{array}{lcccccccc}
\text{xa} = & \times & \times & \times & \times & \times & \text{xk} & \text{xo} & \text{xu} \\
\hline
\text{Maske } 4 = & 0 & 0 & 0 & 0 & 0 & 1 & 0 & 0 \\
\hline
\text{xa} \wedge 4 = & 0 & 0 & 0 & 0 & 0 & \text{xk} & 0 & 0
\end{array}
$$

Wenn das elektrische Signal xk logisch 1 ist, dann ist also $\text{xa} \wedge 4 = 00000100 = 4$. Da logische 1 durch den Zahlenwert -1 dargestellt wird, gilt daher für xk die Formel

$$\text{xk} = -(\text{xa} \wedge 4)/4 = -(\text{PEEK}(40961) \wedge 4)/4 \ .$$

Dies ist die Formel Zeile 18 des Programmes von Seite 26. Auf dieselbe Weise ergeben sich die beiden Zeilen 14 und 16 des Programmes.

Schließlich noch eine Bemerkung zu der Zeile 40 des Programmes Seite 26, die

40 POKE 40960, $-(2*\text{yh} + \text{ys})$

lautet. Wenn der Rechner für die Variable yh den Wert -1 (logisch 1) errechnet hat, muß in den Speicher 40960 die Zahl $2 = 00000010$ geschrieben werden, damit die zweite (von rechts) Buchse c von Port B die Spannung $+5$ Volt abgibt. Dies wird in Programmzeile 40 durch den Term $-2*\text{yh}$ erreicht. Denn wenn yh logisch 1 ist, wenn also $\text{yh} = -1$ ist, dann ist $-2 \cdot \text{yh} = -2 \cdot (-1) = 2$.

7.4 Zusammenstellung der Entwurfsregeln für Ablaufsteuerungen

I. Reihenfolge der einzelnen Programmteile:

1. Eingabe der Signale, die vom Bedienfeld oder von den Initiatoren kommen, in den Rechner.
2. Betriebsartenteil des Programmes.
3. Funktionsteil des Programmes, bestehend aus:
   Setzen der Schrittlabel,
   Löschen der Schrittlabel,
   Bilden der Stellgrößen.
4. Ausgabe der Stellgrößen aus dem Rechner.

II. Regeln für das Setzen der Schrittlabel

1. Ein Schritt wird gesetzt, indem sein Label gesetzt wird (siehe Seite 33).

2. Bei jedem Programmdurchlauf (Programmzyklus) darf höchstens ein Label gesetzt werden. Dies ist gewährleistet, wenn die folgenden Regeln 3 und 4 eingehalten werden.

3. Jedes Schrittlabel wird durch das Label des vorhergehenden Schrittes und die Weiterschaltbedingung gesetzt gemäß der Gleichung
   $Mn = Mn \ OR \ (Mn-1 \ AND \ g)$
   (Regel von Seite 33).

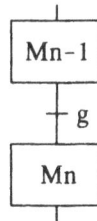

4. Wenn die Setzbedingung g des Labels Mn auch in dem Zeitpunkt 1 ist, in welchem das vorhergehende Label Mn-1 gesetzt wird (d.h. wenn mit f = 1 auch zugleich g = 1 ist), dann ist die Setzanweisung von Mn um den Term AND NOT Mn-2 zu erweitern, gemäß der Anweisung
   $Mn = Mn \ OR \ (Mn-1 \ AND \ NOT \ Mn-2 \ AND \ g)$
   (Regel von Seite 54).

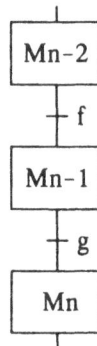

III. Regeln für das Löschen der Schrittlabel

1. Ein Schritt wird gelöscht, indem sein Label gelöscht wird (s. Seite 33).

2. Jedes Schrittlabel Mn wird durch das Label Mn + 1 des nachfolgenden Schrittes gelöscht gemäß der Anweisung Mn = Mn AND NOT Mn + 1 (Regel von Seite 33).

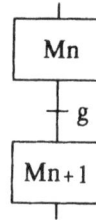

3. Wenn ein Schrittlabel Mn von dem Schrittlabel Mn + 1 des nachfolgenden Schrittes sowohl gelöscht als auch gesetzt wird, so ist die Löschanweisung, mit der Mn gelöscht wird (siehe nebenstehendes Beispiel), mit einer Bedingung zu versehen: Mn = Mn AND NOT (Mn + 1 AND g) . In dem Beispiel gilt entsprechendes auch für das Löschen von Mn + 1: Mn + 1 = Mn + 1 AND NOT (Mn AND h) (Regel von Seite 76).

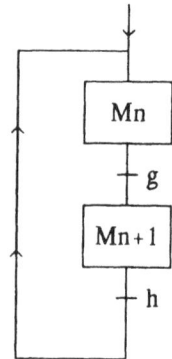

Anmerkung: Es ist durchaus statthaft, das Setzen und Löschen der Schritt- *label ausschließlich mit den Anweisungen der Regeln II,4 und III,3 vorzuneh-* *men (also die Anweisungen der Regeln II,3 bzw. III,2 nicht zu benutzen). Man* *liegt dann auf der sicheren Seite und kann sich manche Überlegungen sparen.* Für die universellen Darstellungen Bilder 23a,b heißt das: Die in den beiden Bildern mit "nicht immer erforderlich" gekennzeichneten Signale werden immer mitgenommen. Und das Löschen der RS-Speicher ändert sich wie folgt:

In Bild 23a Löschen mit (M1 ∧ Bedingung für M1) statt nur mit M1.

In Bild 23b Löschen mit (Mn + 1 ∧ Bedingung für Mn + 1) ∨ NU statt nur mit
Mn + 1 ∨ NU.

7.5 Bemerkung zu den Programmiersprachen C, Pascal, Basic

Alle wiedergegebenen Programme können als C-, Pascal- und Basic-Programme laufen. Dafür sind die folgenden Maßnahmen erforderlich:

A) Wenn die Programme als **C-Programme** laufen sollen, sind vor jedem Programm die Zeilen einzufügen:

#define AND &&
#define OR | |
#define NOT !

Außerdem sind in den Programmen zu ersetzen (für die Ein- und Ausgabe von z.B. zwei Größen x und z):

INPUT x,z   ist zu ersetzen durch   scanf("%d %d",&x,&z)
PRINT x,z   "   "   "   "   printf("%d %d\n",x,z)

Der Doppelpunkt : ist durch Semikolon ; zu ersetzen und an jedes Zeilenende ist ein Semikolon zu setzen. Alle Zeilennummern sind fortzulassen bis auf die Zeilennummern, die als Sprungadressen dienen. Diese sind mit einem Unterstrich und einem Doppelpunkt zu versehen (z.B. in Zeile 50 des Programmes S. 27 so — 50:).

B) Wenn die Programme als **Pascal-Programme** laufen sollen, sind in den Programmen zu ersetzen:

INPUT x,z   ist zu ersetzen durch   READLN(x,z)
PRINT x,z   "   "   "   "   WRITELN(x,z)
Doppelpunkt :   "   "   "   "   Semikolon ;
Zuweisung =   "   "   "   "   : =

Außerdem ist an jedes Zeilenende ein Semikolon ; zu setzen. Alle Zeilennummern sind fortzulassen bis auf die Zeilennummern, die als Sprungadressen dienen. Hinter diese ist ein Doppelpunkt zu setzen. Die Sprungadressen sind als Label zu deklarieren. So ist bei dem Beispiel von Seite 27 die folgende Zeile einzufügen:

LABEL 10,50,60,80;

C) Wenn die Programme als **Basic-Programme** laufen sollen, sind keine Änderungen oder Ergänzungen erforderlich. Insbesondere mit Q-Basic laufen die Programme also auf allen PC's (einschließlich Uhrenprogrammierung).

D) Darstellung der logischen Signale beim PC:

Logisch 0 wird in allen drei Sprachen durch die Zahl 0 dargestellt.
Logisch 1 wird bei Pascal und Basic " " " −1 " .
Logisch 1 bei C: Eingangssignale −1 oder auch + 1; Ausgangssignale + 1.

Von Basic werden beim **Programmstart** automatisch **alle Variablen Null** gesetzt. Bei C und Pascal muß dies in besonderen Programmzeilen geschehen, die den wiedergegebenen Programmen voranzustellen sind.

Beispiel: Zur Verdeutlichung des vorstehenden sollen die drei Programmiersprachen anhand eines Beispiels einander gegenübergestellt werden. Hierfür ist
die Vorranglogik von Seite 16 gewählt worden. Das Programm lautet in den
drei Programmiersprachen wie folgt:

Programm in Basic (übernommen von Seite 16)
```
5 PRINT "x1 x2  y1 y2"
10 INPUT x1, x2
20 y1 =x1 AND NOT y2
30 y2 =x2 AND NOT y1
40 PRINT x1; x2; y1; y2
45 GOTO 10
```

dasselbe Programm in C
```
#include <stdio.h>
void main( ) ;
{
int  x1 , x2 , y1 , y2 ;
#define AND    &&
#define OR      | |
#define NOT     !
x1 =0 ; x2 =0 ; y1 =0 ; y2 =0 ;
printf(" x1  x2  y1  y2 \n") ;
_10: scanf( "%d  %d" , &x1 , &x2 ) ;
y1 = x1 AND NOT y2 ;
y2 = x2 AND NOT y1 ;
printf( "%d  %d  %d  %d \n" , x1 , x2 , y1 , y2 ) ;
goto _10 ;
}
```

dasselbe Programm im Pascal
```
PROGRAMM Test ;
VAR x1 , x2 , y1 , y2 : INTEGER ;
LABEL 10 ;
BEGIN
x1 := 0 ; x2 := 0 ; y1 := 0 ; y2 := 0 ;
WRITELN( ' x1  x2  y1  y2 ' ) ;
10: READLN( x1 , x2 ) ;
y1 := x1 AND NOT y2 ;
y2 := x2 AND NOT y1 ;
WRITELN( x1 , x2 , y1 , y2 ) ;
GOTO 10 ;
END.
```

Literaturverzeichnis

[1] Grötsch, E. E.: SPS 1, Speicherprogrammierbare Steuerungen.
Oldenbourg-Verlag, München (1995).

[2] Grötsch, E.; Seubert, L.: SPS 2, Speicherprogrammierbare Steuerungen.
Oldenbourg-Verlag, München (1997).

[3] Wellenreuther, G.; Zastrow, D.: Steuerungstechnik mit SPS.
Vieweg-Verlag, Braunschweig (1995).

[4] Wellenreuther, G.; Zastrow, D.: Lösungsbuch Steuerungstechnik mit SPS.
Vieweg-Verlag, Braunschweig (1995).

[5] Brouër, B.: Steuerungstechnik für Maschinenbauer.
B. G. Teubner-Verlag, Stuttgart (1995).

[6] Feindt, E.-G.: Regeln mit dem Rechner.
Oldenbourg-Verlag, München (1994).

[7] Gevatter, H.-J.: Bauelemente der Meß- und Automatisierungstechnik.
Springer-Verlag, Berlin (1996).

[8] Isermann, R.: Digitale Regelsysteme, Band I und II.
Springer-Verlag, Berlin (1987/1988).

[9] Lutz, H.; Wendt, W.: Taschenbuch der Regelungstechnik.
H. Deutsch-Verlag, Thun und Frankfurt (1995).

[10] Jakoby, W.: Automatisierungstechnik - Algorithmen und Programme.
Springer-Verlag, Berlin (1995).

[11] Auer, A.: SPS-Praktikum. Oldenbourg-Verlag, München (1997).

[12] Samal, E.; Becker, W.: Grundriß der praktischen Regelungstechnik.
Oldenbourg-Verlag, München (1996).

[13] Beuschel, J.: Prozeßsteuerungssysteme.
Oldenbourg-Verlag, München (1994).

[14] Borelbach, K. H.; Kraemer, G.; Nows, E.: Steuertechnik mit speicher-
programmierten Steuerungen SPS.
Verlag Europa-Lehrmittel, Wuppertal (1992).

[15] Kaftan, A.: SPS Grundkursus 1 und 2.
Vogel-Verlag, Würzburg (1992).

[16] Auer, A.: SPS Aufbau und Programmierung.
Hüthig-Verlag, Heidelberg (1996).

[17] Friedrich, A.: SPS Automatisierung.
Francis-Verlag, Poing (1995).

[18] Holder, M.; Plagemann, B.: Der Industrie-PC in der Automatisierungstechnik. Hüthig-Verlag, Heidelberg (1995).

[19] Stein, G.: Automatisierungstechnik in der Maschinentechnik.
Hanser-Verlag, München/Wien (1993).

[20] Wratil, P.: Moderne Programmiertechnik für Automatisierungssysteme.
Vogel Buchverlag, Würzburg (1996).

[21] Benda, D.: Speicherprogrammierbare Steuerungen für Praktiker.
VDE-Verlag, Berlin/Offenbach (1991).

[22] Nicolaisen, P.; Erben, B.: Sicherheitseinrichtungen für automatisierte
Fertigungssysteme. Hanser-Verlag, München/Wien (1993).

[23] Wellers, H.; Gairing, S.: Automatisierungstechnik mit SPS.
Cornelsen-Verlag, Berlin (1995).

Stichwortverzeichnis